मॉरिशस

एक सांस्कृतिक यात्रा

अर्जुन चव्हाण

वाणी प्रकाशन

वाणी प्रकाशन

4695, 21-ए, दरियागंज, नयी दिल्ली 110 002

शाखा

अशोक राजपथ, पटना 800 004

फ़ोन: +91 11 23273167 फ़ैक्स: +91 11 23275710

www.vaniprakashan.in
vaniprakashan@gmail.com
sales@vaniprakashan.in

MAURITIUS : EK SANSKRITIK YATRA
by Arjun Chahvan

ISBN : 978-93-5229-502-9
Travelogue

प्रथम संस्करण

मूल्य : ₹ 225

ओम ऑफसेट, दिल्ली-110 093 में मुद्रित

वाणी प्रकाशन का लोगो मक़बूल फ़िदा हुसेन की कूची से

समर्पण

आदरणीय गंगाप्रसाद विमल जी
को सादर,
जिनका व्यक्तित्व एवं कृतित्व
प्रसन्नता देता है और प्रेरणा भी।

प्रो. (डॉ.) अर्जुन चव्हाण

यात्रा के बहाने

वस्तुतः जन्म और मृत्यु—दो दशाओं के बीच हर व्यक्ति अपने आपमें यात्री है। इस अर्थ में ज़िन्दगी एक यात्रा है। जन्म उसका पहला पड़ाव है और मौत अन्तिम। यात्रा ही मनुष्य को प्राणवान बनाती है। यात्रा ज़िन्दगी का अभिन्न अंग है, जो जितनी अधिक यात्राएँ करता रहा वह उतना ही अधिक समृद्ध हुआ है।

इतिहास साक्षी है जो चलते रहे, यात्री बने, उन्होंने इतिहास बनाया। जो ठहर गये वे समाप्त हुए। बड़े-बड़े सम्राट अपनी विलासिता तथा रियासत में क़ैद हुए और ख़त्म भी हुए। किन्तु जो अपना स्थान छोड़ दुनिया की सैर के लिए निकल पड़े वे इतिहासपुरुष बन गये। सिकन्दर, कोलम्बस और वास्कोडिगामा से लेकर चाहे सन्त नामदेव हों या कबीर, तुकडोजी हों या गाडगे बाबा, सब की जीवनानुभूति यात्रा से ही समृद्ध है। छत्रपति शिवाजी महाराज से लेकर राजर्षि छत्रपति शाहू महाराज हों या महात्मा गाँधी से लेकर नेताजी, तिलक जी, नेहरू जी या डॉ. अम्बेडकर जी हों—सब के सब मिसाल के रूप में जीवन अनुभव के भंडार बने। किसी ने इतिहास को समृद्ध किया तो किसी ने साहित्य को।

यात्रा का प्रधान प्रयोजन आनन्द है, विकास उसका नतीजा और उत्कर्ष उसका फल। सद्भाव बढ़ाने तथा मानव-मानव के बीच की दूरियाँ मिटानेवाले सबसे सशक्त साधन का नाम ही यात्रा है। बराक ओबामा

जी तथा नरेन्द्र मोदी जी जैसे नायकों की विदेशी यात्राएँ भी इसी का प्रमाण कहनी होंगी। राहुल सांकृत्यायन हों चाहे धर्मवीर भारती, अज्ञेय हों चाहे निर्मल वर्मा अथवा गोविन्द मिश्र, स्वदेशी और विदेशी यात्राओं का जितना सजीव चित्रण इन्होंने किया उतना शायद ही अन्यत्र मिलेगा। उनके यात्रा-वृत्तान्तों में न केवल प्राकृतिक सुन्दरता मिलेगी बल्कि वहाँ की सभ्यता और संस्कृति के दर्शन भी होंगे। इन यात्राओं से देशी-विदेशी मिट्टी की महक पाठकों के लिए मनोरंजक ही नहीं, ज्ञानवर्धक भी सिद्ध होती है।

मुझे अपनी लघु कथा याद आ रही है—एक युवक ने महामार्ग के किनारे खड़े बूढ़े से पूछा था—

युवक—"यह महामार्ग मुझे कहाँ ले जायेगा?"

बूढ़ा—"आपको कहाँ जाना है?"

युवक—"पता नहीं, मैं भूल गया हूँ।"

बूढ़ा—"तो फिर इसी से आगे जाओ।"

युवक—"लेकिन मैं कहाँ पहुँच जाऊँगा?"

बूढ़ा—"चाहे जहाँ, तुम्हारी कोई मंज़िल नहीं, फिर क्या फरक पड़ेगा?"

युवक—"बात तो सही है, लेकिन आपही कोई मार्ग दिखा दें।"

बूढ़ा—"रुको मत, आगे बढ़ो।"

युवक—"यदि रुक ही जाऊँ तो?"

बूढ़ा—"रुकना मौत है और चलना ज़िन्दगी।"

युवक—"यह ज़िन्दगी और मौत कहाँ मिलती है?"

बूढ़ा—"चलने से ज़िन्दगी और रुकने से मौत।"

युवक—"मुझे क्या चुनना चाहिए?"

बूढ़ा—"ज़िन्दगी, सो यात्री बनो, यायावर बनो, बहुत कुछ पाओगे, सीखोगे।"

युवक—"अगर ना बनूँ तो?"

बूढ़ा—"तुम्हारी मौत तय है।"

बूढ़े की बात सुनकर वह सड़क के बीच जाकर खड़ा हुआ। तेज गति से आयी गाड़ी के ड्राइवर ने अचानक बीच में आये इस युवक को बचाने की भरसक कोशिश की किन्तु हल्का-सा धक्का लग ही गया। उससे युवक सड़क के किनारे गिर गया। बुरी तरह से चोट आयी किन्तु हड्डी-पसली और सर—सब सलामत। मारे हादसे के वह ख़ूब डर गया। खुद को सँभालते हुए बूढ़े आदमी के पास आकर बोला—

"दादा जी माफ़ करना, अब मैं ज़िन्दगी और मौत का अन्तर समझ

गया।"

"तब बताओ?" बूढ़े व्यक्ति ने पूछा।

"एक जगह ठहरना माने मौत, यात्रा पर निकलना माने ज़िन्दगी", कहते हुए युवक ने ज़िन्दगी का चयन किया और उसका लुत्फ़ उठाने के लिए आगे बढ़ गया। यात्री बनकर...। मंजिल तय करना और यात्री बनना गतिमान जीवन के लिए ज़रूरी है वर्ना युवक की कहानी सामने है ही।

जैसे यात्रा के प्रयोजन विविध होते हैं वैसे उसके साधन भी अनेक होते हैं। आदियुग से आधुनिक युग तक यात्रा के प्रयोजन और साधनों में लगातार बदलाव आता रहा। आज यात्रा को सम्पत्ति अधिक सुकर बनाती है किन्तु उससे समय और श्रम को बचाया जा सकता है। विश्व ग्राम (Global Village) और विश्व मानव (Global man) की संकल्पना के मूल में यात्रा और उसके अधुनातन साधन ही निहित हैं। दुनिया की दूरियाँ मिटाने के लिए यात्रा ही सबसे अहम साधन साबित होती है। यात्री ही अपनी यात्रा के मकसद को हासिल कर सकता है।

यात्रा के लिए मूलतः ताकत क़दमों में नहीं, इरादों में होनी चाहिए। इससे यात्रा का सपना साकार होने में देर नहीं लगती।

इरादे अगर नेक हों तो सपने भी साकार होते हैं।

हममें अगर काबिलियत हो तो नामुमकिन भी मुमकिन होता है।

अपने जीवन में मैंने भारत वर्ष की यात्राएँ तो काफ़ी कीं, जम्मू-कश्मीर से कन्याकुमारी तक, हिमालय, शिमला, हरिद्वार और ऋषिकेश से लेकर त्रिवेन्द्रम, पांडिचेरी तक। लेकिन ये यात्राएँ अपनी धरती, अपने लोगों के बीच की थीं। मॉरिशस की यात्रा ही मेरी पहली विदेशी यात्रा थी। इसके पहले अमेरिका के न्यूयॉर्क में वर्ष 2007 में आयोजित आठवें विश्व हिन्दी सम्मेलन के आयोजक द्वारा मुझे निमंत्रित किया गया था लेकिन वीज़ा न मिलने के कारण जा नहीं सका। मॉरिशस यात्रा ही पहली विदेशी यात्रा होने की वजह से 'क्या होगा? कैसे होगा?' को लेकर जिज्ञासा के साथ-साथ चिन्ता भी थी। लेकिन मॉरिशस की इस यात्रा को केवल लाजवाब कहना पड़ेगा। पहले जो 'चिन्ता' थी मॉरिशस के पूरे माहौल को देख 'चेतना' में बदल गयी और चेतना 'चिन्तन' में। यही चेतना और चिन्तन प्रस्तुत रचना की पंक्तियों में साकार है। मॉरिशस का माहौल ही ऐसा था जिसने लिखने के लिए बाध्य किया। मेरी यह विनम्र धारणा है कि एक हज़ार किताबें पढ़ने से उतना नहीं पा सकते, जितना एक लम्बी यात्रा से। इस रचना का एक और तात्कालिक कारण भी

माननना पड़ेगा। साहित्यिक सांस्कृतिक शोध संस्था, मुम्बई, हिन्दी प्रचारिणी सभा, मॉरिशस तथा महात्मा गाँधी संस्थान, मॉरिशस द्वारा भारत-मॉरिशस अन्तरराष्ट्रीय संगोष्ठी का आयोजन करना और उसमें प्रतिभागियों के लिए यात्रा-वृत्तान्त लेखन प्रतियोगिता होना। यदि यह प्रतियोगिता न होती तो शायद यह रचना भी न लिखी जाती। प्रतियोगिता हेतु लेखन सीमा केवल एक हज़ार शब्दों की थी। उसमें मैंने 12, 13 जनवरी 2014 के मॉरिशस यात्रा-वृत्तान्त को प्रस्तुत किया था, जिसे रुपये ग्यारह हज़ार का प्रथम पुरस्कार प्राप्त हुआ। इससे लिखने के लिए बल मिला, प्रेरणा मिली। मैं लिखता रहा, उधर यात्रा-वृत्तान्त लेखन की किताब बनती गयी। जितना आनन्द मॉरिशस यात्रा से मिला उतना या उससे अधिक आनन्द इन पंक्तियों को लिखने से। अपने ही अल्फ़ाज़ों में कहूँ तो—

ज़िन्दगी एक सदा बहार सफ़र है, मंज़िल-दर-मंज़िल
एक हासिल करे तो दूजे को पाना चाहता है दिल।

'अक्षर' बंगला, 11/1/2
निकट आर.के.नगर-3, मोरेवाडी,
कोल्हापुर-416013 (महाराष्ट्र)
26 जनवरी, 2015
भारतीय प्रजासत्ताक दिवस

प्रो. डॉ. अर्जुन चव्हाण
हिन्दी विभाग
शिवाजी विश्वविद्यालय
कोल्हापुर-416004
मो. : 09422423660

अनुक्रम

धूप भी थी, दिन भी था लेकिन जमघट नहीं था

मॉरिशस की विदेशी धरती पर आज 7 जनवरी, 2015 को पहली बार क़दम रखा। अपनी धरती और अपने लोगों से आज पहली बार कट गये। करीब छह हज़ार किलोमीटर दूर। मॉरिशस की घड़ी के अनुसार दिन के ठीक एक बज कर पाँच मिनट हुए थे। भारतीय घड़ी की सुई दो बजकर पैंतीस मिनट का समय निर्देशित कर रही थी। भारत के मुम्बई से सुबह-सुबह निकला हुआ हवाई जहाज़ लगभग छह-सात घंटे के सफ़र के उपरान्त मॉरिशस के शिवसागर रामगुलाम इंटरनेशनल एअरपोर्ट पर ठीक एक बजे उतर गया। विमान की यात्रा तो सुखद थी ही। बीच-बीच में जलपान, कोल्डड्रिंक और नाश्ते ने उसे अधिक सुखद बनाया। कॉम्प्लिमेंट्री जो था। फिर भी ताज़ा और बेहद स्वादिष्ट।

यात्रा लम्बी हो किन्तु साथी के रूप में स्वजन, प्रियजन हों और खाने के लिए किस्म-किस्म के व्यंजन हों तो क्या कहना? विमान यात्रा अक्सर करनेवालों की बात छोड़िए लेकिन कभी-कभार यात्रा करनेवाले विमान यात्री अपनी यात्रा यकीनन 'एन्जॉय' करते हैं। कुछ अपवाद ज़रूर हो सकते हैं, ठीक वैसे, जैसे काबुल या काशी में रहनेवाले अपनी

जगह से बेखबर होते हैं। गंगा के किनारे रहनेवाले और हर दिन गंगा में नहानेवाले के लिए गंगा महान नहीं एक साधारण-सी नदी होती है—पानी की पूर्ति करनेवाली। लेकिन बरसों बाद कोई काशी या हरिद्वार जाकर गंगा में डुबकी लगाता हो तो उसके लिए मानो उत्सव या कोई पुनीत पर्व प्रतीत होता है।

आज की भारत-मॉरिशस विमान यात्रा सुखद ही नहीं बल्कि यादगार भी लगी। आज की सुबह मुम्बई के अन्तरराष्ट्रीय हवाई अड्डे पर हुई, सूर्योदय मॉरिशस जानेवाले विमान की उड़ान के साथ आसमान में हुआ और सूर्यास्त मॉरिशस के कातेबान शहर में। मिठाई का स्वाद लिया तड़के के समय (बिहार के डॉ. भरतसिंह के लाये) लड्डू के साथ मुम्बई एअर पोर्ट में, नाश्ता हुआ यात्रा के दौरान विमान में बैठे-बैठे आसमान में, लंच तथा डिनर पाया मॉरिशस के कातेबान शहर के होटल गोल्ड क्रेस्ट में।

करीब ढाई सौ यात्रियों से भरे विमान का सफल यात्रा के उपरान्त जब लैंडिंग हुआ तब इस यात्रा की समाप्ति ने सुख-चैन की अनुभूति प्रदान की। हर यात्रा की समाप्ति की तुलना में कुछ ज्यादा ही सुख-चैन। चूँकि विमान यात्रा दिन की और विशेषतः सुबह की हो, बैठने के लिए विंडो सीट मिली हो, मौसम साफ़ हो, आसमान खुला हो, विमान खूब ऊँचाई से आसमान को छूते हुए गति से जा रहा हो, नीचे फैला हुआ सागर, खेत-खलिहान, जंगल, पहाड़, पेड़-पौधे, झील-नदियाँ हों, छोटे-बड़े शहर हों, नगर-महानगर हों, पटरी और उस पर जा रही रेल हो, छोटी-बड़ी सड़कें हों, उस पर चींटियों जैसी जा रही छोटी-छोटी कार गाड़ियाँ हों, चलते चींटे जैसी दिख रही बसें हों, वाक्य के अन्त में आनेवाले अंग्रेजी पूर्णविराम के बिन्दु की तरह रास्ते से आवागमन करते दिखाई देनेवाले लोग हों, ऊपर से बीच-बीच में सफ़ेद और काले घने बादल आने पर आगे का कुछ भी न दिखाई देने से लगनेवाला डर हो या यात्रा के दौरान अनायास कभी अपने विमान की असुरक्षा के बोध से उत्पन्न हुआ अनागत भय हो और इन सब के बीच अपने गन्तव्य का स्थान आता हो और विमान यात्रा की समाप्ति सफल लैंडिंग से हुई हो तो हर संवेदनशील यात्री को आनन्दानुभूति होना स्वाभाविक है।

लगभग हमारे सारे साथी इस यात्रा की सुखद अनुभूति से प्रसन्न दीख रहे थे। हाँ, यह बात अलग है कि कुछ नींद में भी थे और लैंडिंग

से जाग गये थे, कुछ विंडो सीट मिलने से आसमान से धरती को देखने का भरपूर आनन्द ले रहे थे, तो कुछ अपने सीट के सामने लगे छोटे-से टी.वी. स्क्रीन पर चैनल बदल-बदल कर अपने पसन्द के कार्यक्रम देख रहे थे। उसमें मनोरंजन के साथ-साथ अपनी यात्रा की समग्र जानकारी देनेवाला मैप भी था, जैसे–धरती से विमान की ऊँचाई, कटा हुआ अन्तर, बची हुई यात्रा के किलोमीटर और अब विमान कहाँ से आगे बढ़ रहा है आदि।

लैंडिंग होने के बाद विमान से बाहर निकलने के लिए यात्रियों में जो शीघ्रता होती है, वह यहाँ भी दिखाई दी। अपने-अपने पासपोर्ट और वीज़ा की पूर्ति करने के लिए सम्बन्धित काउंटर पर यात्रियों की लम्बी क़तार लगी थी। लेकिन काउंटर ज़्यादा होने और उस पर काम करनेवाले तेज़ होने के कारण वीज़ा और पासपोर्ट सम्बन्धी औपचारिकताएँ कुछ ही समय में पूरी हुईं। वहाँ से सीधे 'लगेज बेल्ट' की ओर चल दिये। क्योंकि अटैचियाँ, अपना सामान आदि जो चक्करदार घूमती पट्टी पर लद कर आ रहा था, उसे लेना था। यात्रियों के सामान से लदी पट्टी जब घूमती हुई गोलाकार चक्कर काटने लगती है और यात्री अपने-अपने बैग तत्परता से उठा लेते हैं तब ज़िन्दगी की गतिशीलता का बोध हुए बिना नहीं रहता। यह गोलाकार घूमती 'सामान की पट्टी' (लगेज बेल्ट) यात्रा के अनेक पड़ावों में से एक है, जो मानो राहुल सांकृत्यायन जी को याद करते हुए कह रहा हो–

"सैर कर गाफ़िल फिर यह ज़िन्दगी कहाँ
अगर यह ज़िन्दगी रही तो फिर जवानी कहाँ।"

'चलते रहो, चलते रहो' का सन्देश देती इस पट्टी से सब ने फटाफट अपने-अपने बैग उठा लिए। अब एयरपोर्ट के बाहर ले जानेवाले ट्रैक से आगे बढ़ ही रहे थे कि कस्टम हाउस के अधिकारी ने प्रवीण कुमार और डॉ. अनिल सिंह के पास 20-25 बड़े-बड़े बक्से देखे तब उनको बक्से के साथ अपने कमरे के अन्दर बुला लिया। पूछताछ शुरू हुई, तब तक एस.एस.आर.आई. मुम्बई के सचिव डॉ. प्रदीप कुमार जी भी वहाँ पहुँचे। कस्टम अधिकारी के पूछने पर उन्होंने उनको समझा दिया कि इसमें लड्डू-चिउडा, समोसे जैसी खाने की चीज़ें हैं। भारत से लायी गयी हैं, जो अन्तरराष्ट्रीय संगोष्ठी के लिए मॉरिशस में पधारे

भारतीय प्रतिभागियों के लिए हैं। संयोग से कस्टम अफ़सर भी मूलतः भारतीय वंश का, बिहार का निकला। स्वयं उसी ने यह बता दिया। उसे भी अपने मूल वतन से लगाव था ही। तब बिना किसी अटकाव और अधिक औपचारिकता के, उसने बाहर के गेट तक सकुशल पहुँचा दिया। विदेशी धरती पर स्वदेशी अजनबी के इस व्यवहार ने हम सब को चकित कर दिया। मन काँप रहा था भय से कि इतने बड़े सामान का अब क्या होगा?

हवाई अड्डे के बाहर आते ही बायीं ओर से चलने का निर्देश मिला। थोड़ी-ही दूरी पर पार्किंग में बड़ी बस खड़ी थी जो हमें लेने आयी थी। सामान के साथ 22-23 साथी उसके भीतर चढ़ गये। गिनती करने से पता चला कि दो साथी पीछे छूट गये हैं। बिहार से आये डॉ. प्रतिभा सहाय और उनके पति पीछे रह गये। डॉ. प्रवीण ने नीचे उतरकर उन्हें खोजना शुरू किया। तब तक सामने से दोनों बस की ओर आते दिखाई दिये। सहाय जी नहीं लेकिन प्रतिभा जी कुछ ज़्यादा गुस्से में थीं। "हू इज़ प्रवीण हियर? हम डॉ. प्रदीप कुमार जी के कारण आये हैं, प्रवीण के कारण नहीं, उनकी ज़िम्मेदारी बनती है सब को साथ लेकर चलें।" इस छोटी-सी घटना ने 'रंग में भंग' तो नहीं लेकिन 'सब को साथ लेकर चलना चाहिए' का सबक ज़रूर दिया।

बस जिस सड़क से अपनी रफ़्तार से आगे बढ़ने लगी थी उसके दोनों ओर हरियाली, हल्की-सी बारिश और रोशनी, साथ-साथ गन्ने की खेती भी ध्यानाकर्षित कर रही थी। लगा कि 'भीड़ अब आयेगी, तब आयेगी' किन्तु मॉरिशस देश के हृदय-स्थल कातेबान शहर का होटल गोल्ड क्रेस्ट आ गया। फिर भी रास्ते में भीड़-भाड़ का कोई नामोनिशान नहीं था।

ठीक तीन बजे गोल्ड क्रेस्ट होटल में स्थानापन्न हो गये। शानदार तारांकित होटल और दो-दो प्रतिभागियों में एक-एक सुइट। लेकिन फ्रेश होकर काउंटर पर आये तो पता चला कि अब डायनिंग बन्द हुआ है। लंच टाइम ख़त्म हुआ, सो लंच नहीं मिलेगा। प्रदीप कुमार जी ने मैनेजर से बात की तब जाकर कहीं राईस का प्रबन्ध करने के लिए वे तैयार हुए। एक घंटे के बाद डायनिंग में आने को कहा गया। फिर सारे साथी अपने-अपने कमरे में विश्राम करते रहे, एक-दूसरे से बातें करते रहे। ठीक पाँच बजे डायनिंग हॉल में बुलाया गया। केवल राईस

बनाया गया लेकिन बहुत ही बढ़िया।

खाने के बाद कई साथी टहलने के लिए बाहर निकल पड़े। किसी को कुछ खरीदना था, किसी को अपनी करंसी एक्सचेंज करनी थी तो किसी को मोबाइल रिचार्ज करना था। लेकिन सड़क सुनसान, सारी दुकानें बन्द, मंडी और मॉल भी बन्द। पूछने पर पता चला मॉरिशस में पाँच बजे ही सारी दुकानें तथा मार्केट बन्द हो जाता है। अब कहीं कोई चीज़ नहीं मिलेगी। कल सुबह नौ बजे के बाद ही सब खुलेगा और मिलेगा।

ताज्जुब हुआ कि सारा शहर पाँच-साढ़े पाँच बजे बन्द होता है और मॉरिशसीय लोग अपने मकानों में, अपने-अपने परिवार में घुलमिल जाते हैं। बाहर की दुनिया से अलग हो अपनी पारिवारिक दुनिया में खो जाना यहाँ की जीवन-शैली है। भारतीय लोगों के लिए यह नयी बात है। रात के 10-11 बजे तक दुकानें खुली रहना और सड़क पर 12-01 बजे तक आवागमन होना भारतीय शहरों की खासियत है। मुम्बई जैसे महानगर में तो 2-4 घंटे की ही रात होती है, वर्ना 20-22 घंटे का दिन, यहाँ के लोगों के लिए आम बात है।

कातेबान शहर की सड़क के किनारे-किनारे थोड़ी दूरी तक टहलते रहे। लेकिन यातायात भी लगभग बन्द हुआ था। धूप भी थी, दिन भी था लेकिन लोगों का जमघट नहीं था। सूर्यास्त से पहले यहाँ रात का आरम्भ होना एक नयी जीवन-शैली का परिचय देता है। हम लोग भी वापस लौट होटल गोल्ड क्रेस्ट के अपने-अपने कमरे में क़ैद हुए। हाँ, आपस में बातें ज़रूर करते रहे। रात का खाना शानदार था। वेज और नॉनवेज भी। बड़े डायनिंग हॉल में, अलग-अलग कोने में, अलग-अलग देशों के यात्रियों के लिए उनकी पसन्द के अनुसार अलग-अलग खाना लगाया था। फ्रेंच गीत-संगीत की धुन में, धीमी-सी रोशनी में और मोहक माहौल में आज रात का भोजन स्वाददायी रहा और सारा दिन आनन्ददायी।

आज की सुबह-दोपहर-शाम, महज यात्रा के नाम

मॉरिशस की दुनिया भारतीय दुनिया से डेढ़ घंटा पीछे है। यहाँ के समय के अनुसार नाश्ता 7 बजे से 10 बजे तक मिलता है। आज 8 जनवरी, 2015, मॉरिशस का दूसरा दिन। हम सब भारतीय घड़ी के अनुसार सुबह ठीक 10 बजे नाश्ता लेकर तैयार हुए और होटल 'गोल्ड क्रेस्ट' के सामने खड़े हुए, बस की प्रतीक्षा में। लेकिन यहाँ की घड़ी में सुबह के 8.30 बजे थे। बस आ गयी।

बस ड्राइवर ने अपना नाम खुद बता दिया 'माय नेम इज़ चाँद' मेरा नाम चाँद है, मैं दिनभर आप सबको घुमाऊँगा। लेकिन उसका असली परिचय तब चला जब हमारे दो-तीन भारतीय प्रतिभागी मित्र समय पर बस में नहीं पहुँचे और हमारे युवा 'केअर टेकर' डॉ. प्रवीण कुमार को दो-दो बार प्रो. डॉ. भरत जी को ढूँढ़ने अलग-अलग कमरों में जाना पड़ा।

देखो भाई! 'आय नो इंडियन—बट प्लीज़ रिमेंबर...दिस इज़ नॉट इंडिया' चाँद कह रहा था। यह संकेत दे रहा था कि 'बी पंक्च्युअल', समय का ध्यान रखे। आज मॉरिशस भ्रमण का पहला दिन था। बस

तेज़ी से आगे बढ़ रही थी, सड़कें संकीर्ण किन्तु साफ़-सुथरी थीं और सुनसान भी। क्योंकि भारत के मुम्बई, कोल्हापुर, भोपाल, अहमदाबाद, पटना, गया, राँची, तिरुपति जैसे स्थानों से आनेवाले यात्रियों को इक्का-दुक्का सवारी ही देखने को मिले तो बेचैनी होती है।

पता चला कि पूरे मॉरिशस देश की आबादी कुल 12 लाख है। इसमें केवल पाँच शहर हैं और कुछ गाँव। यानी भारत के उल्हासनगर, भोपाल, पटना, बनारस, मैसूर, जबलपुर तथा कोल्हापुर जैसे किसी एक शहर जितना भी नहीं। लेकिन कुदरत की देन है कि ग़ज़ब की हरियाली, पेड़-पौधे, पहाड़ और ऊपर से सागर का साहचर्य। मानो प्राकृतिक सम्पदा का साक्षात संचय/गोदाम। तभी दुनियाभर के यात्रियों के लिए आकर्षण का केन्द्र बना है यह।

लगातार बस अपनी रफ़्तार से आगे बढ़ती जा रही थी। एक के बाद एक दर्शनीय स्थलों की परिक्रमा करते हुए। सब से पहले, रास्ते के किनारे ही एक पहाड़ की गोद में खुला चर्च था, जहाँ बस रुक गयी। हम सब साथी नीचे उतरकर हल्का-सा पहाड़ चढ़ खुले चर्च की ओर आगे बढ़े। ऊँची चोटी पर स्थित मेरी वेदर के खुले बुत की ओर पहुँचे किन्तु गेट बन्द होने से वहाँ तक नहीं पहुँच पाये।

सब ने खूब फ़ोटो खींच लिए। ग्रुप फ़ोटो भी लिए, जब बारिश शुरू हुई तब बिना कोई आदेश दिये सब के सब सीधे बस में आकर बैठ गये।

घाटियों से होते हुए, पहाड़ी परिक्रमा करते हुए चाँद ड्राइवर ने एक चोटी पर लाकर छोड़ दिया। यह कहने के लिए क़िला है और अंग्रेज़ों के ज़माने में इसका इस्तेमाल जेल के रूप में किया जाता था। यहाँ कुछ बडी-बड़ी तोपें भी हैं और दो जगह दूरबीन भी। यहाँ से सारा शहर और उस पार का समन्दर भी दिखाई देता है और दिखाई देते हैं किस्म-किस्म के जहाज़, अलग-अलग साइज़ के और अलग-अलग देश के। इस दृश्य को अपने-अपने कॅमेरे में क़ैद करने का मोह कोई नहीं टाल सका। खूब फ़ोटोग्राफी हुई। ग्रुप की और वैयक्तिक भी।

आज का तीसरा दर्शनीय स्थल था 'बॉटेनिकल गार्डन' जिसे देखने का टिकट था दो सौ रुपये यानी भारत के करीब पाँच सौ रुपये। यहाँ के पेड़-पौधे, फूल और सब से ज़्यादा फल ने मोहित किया। विशेषतः 'तालिपो' (Talipo) नामक पेड़ नयनाभिराम लगा।

यह जानकर ताज्जुब हुआ कि इस पेड़ की उम्र सौ साल होती है। यह एक मात्र पेड़ है जो दुनिया में मॉरिशस के इस गार्डन के अलावा कहीं नहीं मिलता। यह साठ साल में एक बार खिलता है और इसमें एक ही बड़ा फूल आता है जो छह महीने तक रहता है। उसके गोलाकार पत्तों और ऊँचाइयों ने ही उसकी अपनी विशिष्टता का परिचय खुद दिया। यहाँ किस्म-किस्म के कमल भी खिले हुए मिले। अलग-अलग आकार में। छोटे और बड़े। लाल, पीले, गुलाबी, सफ़ेद तरह-तरह के कमल। ...और सब से बड़ी खासियत रही यहाँ के आम के पेड़ों की। आम से लदे हुए पेड़, जितने ऊपर उतने ही नीचे भी गिरे हुए। कोई रोकने-टोकनेवाला नहीं। तब हमारे प्रतिभागी भाई-बहनों ने आम खूब बटोर लिए और पर्स भर दिये। बोतल के पानी से धो-धोकर खूब खाये। गजब के मीठे आम। पूरे 2 घंटे का समय यहीं बीता।

शुरू में पेड़ के नीचे फैले हुए आम, लाल-लाल पके हुए आम, सिन्दूरी आम देखकर कई साथियों का मन ललचाया कि आम उठा ले। पहले संकोच के मारे उन्हें हाथ लगाना, उठा लेना उचित नहीं लगा था। किन्तु दो-चार महिला साथियों ने कन्धों पर लटकाई हुई पर्स भरकर आम बटोर लिए और वहाँ के गार्ड भी यह देखकर चुपचाप ही रहे तब लगभग सब ने आम उठा लेना शुरू किया। जब गार्ड भी कुछ नहीं बोला तब निस्संकोच होकर भारतीय प्रतिभागियों ने आम खूब बटोर लिए। खूब खाये। चूस-चूसकर कूड़ेदानी में फेंक दिये। न कोई रोकनेवाला और न प्रतिबन्ध करनेवाला। तब आम खानेवाले भी रुके नहीं। लगभग सभी भारतीय प्रतिभागी आम लेते, धोते और खाते रहे।

यह घटना बड़ी अनोखी थी। वह भारत और मॉरिशस की सामाजिक संरचना के अन्तर को रेखांकित करने के लिए पर्याप्त लगी। आम तो भारत में भी कम नहीं हैं। न आम के पेड़ों की कमी है और न बागानों की। लेकिन भारत में 'बॉटेनिकल गार्डन' हो या आम के बागान, वहाँ बिना अनुमति के किसी भी फल को हाथ नहीं लगा सकते। वहाँ कोई गार्ड फल-फूल को हाथ लगाने पर चुप नहीं रह सकता। सूचना फलक भी हमारे बागानों में कम नहीं होते। इसका मूल कारण आबादी ही लगता है। मॉरिशस के बागानों में और अपने मकानों के बाहर भी लोगों ने आम और अन्य कई फलों के पेड़ लगा रखे हैं लेकिन यहाँ आबादी कम है। अतः खानेवाले भी बहुत कम

हैं। परन्तु भारत में स्थिति ठीक इसके विपरीत है। पेड़-पौधे, बागान भी ज़्यादा किन्तु आबादी अधिक होने के कारण खानेवाले उससे कई गुणा ज़्यादा। बढ़ती हुई जनसंख्या की बदौलत भारत में बागानों की रक्षा हो चाहे सामाजिक सुरक्षा—सब में कड़ी पाबन्दी। लेकिन इससे अलग स्थिति मिलेगी मॉरिशस में। न जनसंख्या बड़ी और न सुरक्षा कड़ी। करीब दो घंटों का समय यहीं बीता। फिर 'बॉटेनिकल गार्डन' के बाहर प्रवेश-द्वार पर खड़ी बस के पास सभी आकर खड़े हुए। इतने में डॉ. अनिल सिंह ने बड़ा बक्सा बाहर निकाला। सबके हाथों में एक-एक पाकेट थमा दिया। नाश्ते का प्रबन्ध साथ में ही किया था। सब ने खूब खाया। चिउडा, चकली नमकीन बढ़िया। कैंटिनवाले को भी नाश्ते का पैकेट दे दिया।

अब 'बॉटेनिकल गार्डन' से निकलने का समय हुआ। सब के सब बस में आकर बैठ गये। गिनती शुरू हुई तो पाया कि तीन साथी गायब—डॉ. मधुप्रभा सिंह (बिहार), शशि पंजाबी तथा सरोज उपाध्याय (गुजरात)। ये तीनों बस में से छूट गयी थीं। केअर टेकर डॉ. प्रवीण इधर-उधर दौड़ा तब तीनों गार्डन में ही मिल गयीं। कछुवे का संग्रहालय निहारते हुए। ...और इधर उनके अन्य साथी चिन्ता करते हुए। आधा घंटा तो देर हो ही गयी थी।

आज का चौथा दर्शनीय पर्यटन स्थल था 'आप्रवासी घाट'। केवल पन्द्रह-बीस मिनट में ही बस वहाँ पहुँच गयी। सागर के किनारे बने इस घाट ने भारत के बनारस के गंगा तट की याद दिलाई। यहाँ बनारस के गंगा तट जैसा ही दृश्य था। कई छोटे-बड़े जहाज़, नौकाएँ और फैला हुआ सागर। लेकिन इस घाट के भीतर बने भव्य संग्रहालय ने गिरमिटियों का समग्र जीवन क्रम प्रस्तुत किया। यहाँ गिरमिटिया लोगों का खान-पान, बर्तन, कृषि के ओजार, झोंपड़ी और लालटेन तक। ओढ़ने-पहनने से लेकर नहाने, ठहरने तक की जगह ने हमारे पूर्वजों का समग्र जीवन पट प्रस्तुत किया। यह वही 'आप्रवासी घाट' है जहाँ भारत से पहला जहाज़ 36 गिरमिटियों को लेकर 1834 में आया था। इनके रहन-सहन, खान-पान और जीवन स्तर का इतिहास इस 'आप्रवासी घाट' के संग्रहालय में साकार हुआ है। इसे देखकर सब के सब अभिभूत हुए। यहाँ काउंटर पर बैठी अधिकांश युवतियाँ ही थीं जिन्होंने हमें बहुत समय और जानकारी देकर अच्छा-खासा 'गाइड' किया। यहाँ

से निकलने का मन नहीं हो रहा था लेकिन निकलना पड़ा।

मॉरिशसीय समय के अनुसार पाँच बज गये थे। यहाँ की दुकानें बन्द होने का समय है यह। हमें होटल 'गोल्ड क्रेस्ट' की ओर लौटना था। धूप तो थी ही। लगा कि फिर शाम को दुकानें खुल जायेंगी। परन्तु पता चला कि ये अब कल सुबह नौ-साढ़े नौ बजे ही खुलेंगी। कुछ चीज़ें खरीदनी थीं। लेकिन शुरू में बड़ा अजीब-सा लगा। बाद में इसकी आदत हो गयी। क्योंकि भारत में दिनभर मार्केटिंग होती है। खासकर सुबह और शाम को कुछ ज़्यादा ही। विशेषतः शहरों में तो रात देर तक मार्केट हराभरा रहता है। मॉरिशस में ऐसा नहीं होता। एक तो आबादी कम। ऊपर से बस्ती भी घनी न होकर खुली-खुली-सी। शहरों में भी भीड़-भाड़ कम ही। पाँच-साढ़े पाँच बजे के बाद लोग अपने-अपने मकानों में, जैसे पंछी अपने घोंसले में। इसके बाद मार्केटिंग लगभग ख़त्म।

जब सभी प्रतिभागी आसनस्थ हुए तब बस 'गोल्ड क्रेस्ट' की ओर निकल पड़ी। रास्ता बहुत शानदार था। बीच में रास्ते में पुराना रेल स्टेशन का क्षेत्र आया। पता चला कि मॉरिशस में अब कोई रेलगाड़ी नहीं चलती। किन्तु यह जगह रेलवे स्टेशन नाम से जानी जाती है, कैसे और क्यों? किसी समय यहाँ से रेल चली होगी। तभी इसे रेलवे स्टेशन नाम से जानते हैं। इसके पास ही एक बड़ा स्टार होटल, वहाँ का संग्रहालय, मॉल और सुन्दर सागर किनारा—सब कुछ मोहक था। ड्राइवर चाँद ने गाड़ी आगे दौड़ाई। कुछ यात्रियों ने उसे रोका और नीचे उतरना चाहा।

"दिस इज़ नॉट इंडिया...हियर इज़ नो पार्किंग ज़ोन...प्लीज़ डु कम विदिन टेन मिनिट्स" ड्राइवर चाँद ने फिर चेतावनी दी। केवल सागर किनारा और छोटे-बड़े किन्तु रंग-बिरंगी, किस्म-किस्म के खूबसूरत जहाज़ और उनके पास किनारे खड़े रहना, अकेले तथा एक-दूसरे के साथ फ़ोटो खींचना। एक बड़ा फ़ोटो सेशन बारी-बारी से यहाँ सम्पन्न हुआ।

यहाँ-वहाँ बिखरे हुए सभी साथी बस में आकर स्थानापन्न हुए। चाँद ने बस शुरू की। फिर चक्करदार लेकिन सुन्दर साफ़-सुथरी चिकनी सड़क से वह आगे दौड़ने लगी। होटल 'गोल्ड क्रेस्ट' की ओर। रास्ते में अलग-अलग और सुन्दर-सुन्दर इमारतें तो थीं ही किन्तु

यादगार जो लगी वह थी 'एम.सी.बी.' अर्थात् 'मॉरिशस कमर्शियल बैंक' की इमारत। चक्करदार, गोलाकार और बड़ी भव्य आसमान को छूती हुई। मन मोहक बिल्डिंग। दौड़ती बस में से ही इसके कई फ़ोटो खींचे। कुछ देर बाद होटल पहुँचे।

'आज : सुबह-दोपहर-शाम, महज यात्रा के नाम।'

मॉरिशस का अनुपम 'महात्मा गाँधी संस्थान'

9 जनवरी, 2015 को मैं अपने अकादमिक जीवन के कीमती दिनों में से एक मानता हूँ। आज 'रामकथा का वैश्विक सन्दर्भ' विषय पर आयोजित अन्तरराष्ट्रीय संगोष्ठी का उद्‌घाटन समारोह और उसके बाद दो सत्र सम्पन्न हुए—मॉरिशस के एम.जी.आई. अर्थात् 'महात्मा गाँधी संस्थान' के भव्य सभागार में। उद्‌घाटन सत्र का अध्यक्षीय भाषण प्रमुख आकर्षण था। रूस के मास्को स्टेट विश्वविद्यालय के एशियाई तथा अफ्रीकी भाषा अध्ययन संस्थान में कार्यरत प्रो. ल्युदमीला खखलोवा ने अपने अध्यक्षीय भाषण में स्पष्ट किया कि ग्रियर्सन ने 'वाल्मीकि रामायण' के अंशों का अनुवाद किया। उन्होंने कहा कि रामायण के कुछ अंशों को, प्रेमचन्द आदि को हम हिन्दी में पढ़ाते हैं। उनके पतिदेव प्रोफ़ेसर जकारिया ने भी वाल्मीकि रामायण के अनेक अंशों का रूसी में अनुवाद किया। स्वयं खखलोवा ने सिखों के ग्रन्थ के कुछ अंशों का पंजाबी से रूसी में अनुवाद किया। यह जानकर अधिक अच्छा लगा कि रूस में एक सज्जन ने संकल्प किया कि 'अगर ज़िन्दा रहूँगा तो सात श्रेष्ठ हिन्दी किताबों का रूसी में अनुवाद करूँगा।' राम

द्वारा सीता की अग्निपरीक्षा के प्रसंग पर उन्होंने स्पष्ट किया कि राजा राम ने यह जनता के लिए किया था किन्तु आज की सीता कहती है भाड़ में गयी जनता और लोक निन्दा।

मज़ा तो तब आया ज़ब स्वयं मैंने खखलोवा जी से परिचर्चा में प्रश्न पूछा कि 'सीता की अग्निपरीक्षा को लेकर आपकी क्या मान्यता है? मैं सीता के स्थान पर होती तो मैं खुद इस परीक्षा से इनकार करती।' पल भर की देरी किये बिना मेरे प्रश्न का उत्तर खखलोवा जी ने दिया था। इस शानदार उद्घाटन समारोह में मॉरिशस के महात्मा गाँधी संस्थान की हिन्दी विभागाध्यक्ष डॉ. अलका धनपत ने इस संस्थान का विस्तृत परिचय दिया। यहाँ हिन्दी में बी.ए., एम.ए. और पी.जी. डिप्लोमा करने की सुविधाएँ तो हैं ही किन्तु उर्दू, तमिल, मराठी जैसे विषयों का भी अध्ययन-अध्यापन होता है। समृद्ध ग्रन्थालय और 'बसन्त' तथा 'रिमझिम' जैसी दो त्रैमासिक पत्रिकाओं का निरन्तर प्रकाशन भी दाद देने योग्य लगा। महात्मा गाँधी संस्थान की निर्देशिका श्रीमती कुंजल, विश्व हिन्दी सचिवालय के महासचिव श्री गंगाधरसिंह सुखलाल 'गुलशन', साहित्यिक, सांस्कृतिक शोध संस्था, मुम्बई के सचिव डॉ. प्रदीप कुमार सिंह तथा उपाध्यक्ष डॉ. अनिल सिंह आदि मंच पर विराजमान थे। सुचारु सूत्र संचालन का कार्य हिन्दी विभाग की प्रवक्ता अंजलि चिन्तामणि ने किया।

सुस्वाद्य नाश्ते के पश्चात् प्रथम सत्र प्रारम्भ हुआ, जिसकी अध्यक्षता का दायित्व इन पंक्तियों के लेखक (प्रो. डॉ. अर्जुन चव्हाण, भारत) को सौंपा गया। डॉ. अनिल सिंह ने 'साहित्यिक, सांस्कृतिक शोध संस्था' का परिचय दिया। डॉ. शीतलाप्रसाद दुबे ने रामकथा के वैश्विक सन्दर्भ और मानव संवेदना को उठाते हुए विषय प्रवर्तन किया। डॉ. विनय कुमार (बिहार) ने रामकथा के सन्दर्भ में बल देकर कहा कि आज आदमी को दुआओं की ज़रूरत है और ज्योतिष शास्त्र बरसात से बचने का छाता है। प्रमुख विद्वान वक्ताओं में डॉ. राजेश श्रीवास्तव (भोपाल), मधुप्रभा सिंह (बिहार), डॉ. अलका धनपत (मॉरिशस), डॉ. विजय कुमार (झारखंड, हजारीबाग) और डॉ. विनय गुदारी, अध्यक्ष भारतीय भाषा केन्द्र, महात्मा गाँधी संस्थान, मॉरिशस ने अपने-अपने शोध-पत्रों को मौखिक रूप में प्रस्तुत किया। विशेष बात डॉ. विनय गुदारी ने की। इस अन्तरराष्ट्रीय संगोष्ठी के लिए मॉरिशस को चुना

जाना, 'गंगा तालाब' पर महाशिवरात्रि के दिन उत्सव होना और अरुण गोविल को 'रामायण' धारावाहिक में राम की भूमिका को लेकर सम्मान मिलना और बाद में विलन की भूमिका में देखने पर लोगों का भ्रम भंग होना आदि मुद्दों में उनका चिन्तन चेतनावान लगा। डॉ. अलका धनपत ने सवाल खड़े किये कि सीता को 'सती' क्यों कहते हैं? वह 'सती' कब हुई है? कैक्टी लिपि में हस्तलिखित रामायण का उपलब्ध होना और 'एग्रीमेंट' शब्द से 'गिरमिटिया' शब्द बन जाने की जानकारी भी नयी लगी। परिचर्चा में उठाये गये सवालों के जवाब विनय जी ने दिये। अन्ततः अध्यक्षीय भाषण प्रो. अर्जुन चव्हाण, शिवाजी विश्वविद्यालय, कोल्हापुर, महाराष्ट्र (भारत) ने दिया, जिसमें 'रामकथा का वैश्विक सन्दर्भ' पर बल देते हुए उन्होंने कहा कि राम द्वारा अंगद को रावण के पास भेजकर युद्ध से पहले संवाद के जरिए समस्या को हल करने पर बल देना, युद्ध को टालने का प्रयास होना, शरणागत को आश्रय देना, पिता की अनेक पत्नियाँ होते हुए भी राम का एक पत्नी होना, एक वाणी होना और एक वचनी होना वर्तमान समय के सन्दर्भ में सबसे अधिक प्रासंगिक है। चार वेदों के गहन अध्येता, शिवोपासक लंका पति रावण का विनाश केवल 'अहंकार' एवं 'परस्त्री की कामना' के कारण होने की बात उठाते हुए आज बड़े राष्ट्रों का बलशाली होने से उनकी वर्चस्ववादी मानसिकता से सावधान होने का आस्वान किया। सत्र का सुचारु संचालन डॉ. अनिता सिंह, जे.पी. विश्वविद्यालय, छपरा (बिहार) ने किया।

स्वादिष्ट भोजन के उपरान्त तुरन्त 'दूसरा सत्र' आरम्भ हुआ। समय का दबाव कुछ ऐसा था कि उधर चार बजे महात्मा गाँधी संस्थान का संग्रहालय बन्द हो जाने की ख़बर से यह सत्र केवल आधे-पौने घंटे में सम्पन्न करना तय हुआ। डॉ. बाबू जोसेफ़ ने सार्थक विषय प्रवर्तन करने के उपरान्त डॉ. गीता सहाय (बिहार), डॉ. नाँरायण (तिरुपति), डॉ. शशि पंजाबी (गुजरात), डॉ. प्रतिभा सहाय और डॉ. अनुपमा सिंह ने शोध-पत्र के सारांश निष्कर्ष के साथ प्रस्तुत करते हुए स्पष्ट किया कि 'रामकथा' आज अधिक बल देती है, सन्देश देती है। सत्र के अध्यक्ष के रूप में डॉ. भरत सिंह, मगध विश्वविद्यालय, बोधगया (बिहार) ने रेखांकित किया कि रामकथा पर अब तक 11 हज़ार शोध हुए हैं, अनेक पांडुलिपियाँ दीमक के पेट का आहार हो रही हैं। फिर

भी यह सुखद तथ्य बताया कि तीन सौ से अधिक ग्रन्थ रामायण, सीतायन, भरतायन, कैकेयी आदि पर लिखे गये हैं। सत्र का सारगर्भित संचालन श्रीमती सुस्मिता भट्टाचार्य (मुम्बई) ने किया।

ठीक 3 बजे सारे प्रतिभागी एम.जी.आई. (महात्मा गाँधी संस्थान) के संग्रहालय आ पहुँचे। साथ में थे ग्रन्थालय के प्रधान। यह आज के दिन की उपलब्धि कहनी होगी। यहाँ यह जानकारी मिली कि भारत से सबसे पहला दस्ता मॉरिशस आया था 1834 में, 36 लोगों का। 4 लाख 54 हज़ार मज़दूर/गिरमिटिया भारत से मॉरिशस आये थे, 1842 से 1910 की अवधि में। इनमें से 2 लाख के करीब वापस लौटे, जिसका कारण देना असम्भव है। इन सब के नाम, लिंग, पता, उम्र, लम्बाई आदि का रेकॉर्ड यहाँ उपलब्ध है। इन्हें 5 रुपये महीना मज़दूरी देना तय हुआ था। 1868 के बाद जो आये, उनमें से 2 लाख 20 हज़ार के फ़ोटोग्राफ भी रेकॉर्ड में हैं। उसके पूर्व फ़ोटोग्राफी सुविधा ही नहीं थी। अतः उनके फ़ोटोग्राफ नहीं मिलते। एक चकित करनेवाली घटना यह लगी कि यहाँ के रजिस्टर रेकॉर्ड में शिराला, ज़िला सातारा (महाराष्ट्र) के एक दम्पती का नाम पूरी जानकारी के साथ दर्ज़ किया हुआ मिला। आज का दिन निश्चय ही यादगार रहा।

हिन्दी प्रचारिणी सभा में मॉरिशस के प्रेमचन्द से भेंट

भारत-मॉरिशस अन्तरराष्ट्रीय संगोष्ठी का आज चौथा दिन। 10 जनवरी, 2015, मॉरिशस के लोग माउंटेन क्षेत्र में स्थित 'हिन्दी प्रचारिणी सभा, मॉरिशस' का सुरूजप्रसाद मंगर सभागार। प्रतिभागियों, अध्यापकों, लेखकों, विद्वानों तथा हिन्दी प्रेमियों से खचाखच भरा हुआ। होटल गोल्ड क्रेस्ट से यहाँ पहुँचते-पहुँचते ग्यारह बज ही गये थे। साढ़े-ग्यारह से 2 बजे तक संगोष्ठी रही। विद्वान वक्ताओं में मॉरिशस के हिन्दी प्रचारिणी सभा के प्रधान यंतुदेव बुधु, अध्यक्ष के रूप में इसी सभा के पूर्व प्रधान एवं वरिष्ठ हिन्दी साहित्यकार अजामिल माताबदल, इस सभा के सचिव श्री धनराज शंभु, साहित्यिक, सांस्कृतिक शोध संस्था, मुम्बई के सचिव डॉ. प्रदीप कुमार, उपाध्यक्ष डॉ. अनिल सिंह, मुम्बई विश्वविद्यालय, हिन्दी अध्ययन मंडल के अध्यक्ष डॉ. शीतलाप्रसाद दुबे, मगध विश्वविद्यालय, बोधगया बिहार के डॉ. विनयकुमार और शिवाजी विश्वविद्यालय, कोल्हापुर के प्रोफ़ेसर डॉ. अर्जुन चव्हाण मंच पर उपस्थित थे। यहाँ 'रामकथा के वैश्विक सन्दर्भ' पर कम और हिन्दी शिक्षण, हिन्दी प्रचार-प्रसार पर ज़्यादा विचार मन्थन हुआ।

यंतुदेव बुधु के भाषण से मालूम हुआ कि मॉरिशस में 1935 में हिन्दी प्रचारिणी सभा की स्थापना हुई। अंग्रेज यहाँ धर्म परिवर्तन करवाने में लगे रहे थे तब इस सभा की स्थापना हुई। गोरे लोग न समझे कि यह राजनीतिक संगठन है इसलिए इसका नाम 'हिन्दी प्रचारिणी सभा, मॉरिशस' रखा गया था। लोगों ने दान करना शुरू किया, सभा तब से अब तक सरकारी अनुदान के बिनाकाम करती आयी है। विगत 50 वर्ष से अधिक वर्ष हुए यह सभा भारत के इलाहाबाद की हिन्दी प्रचारिणी सभा से जुड़ी है। यहाँ के छात्रों के लिए पुरस्कार दिये जाते हैं, कविता, कहानी-संग्रह प्रकाशित किये जाते हैं, प्रविष्ट परीक्षा के उपरान्त प्रवेश दिया जाता है, प्राथमिक-माध्यत्मिक कक्षाएँ हर शनिवार को चलती हैं और सालभर में सभा में स्थापना दिवस, तुलसी जयन्ती उत्सव तथा हिन्दी दिवस जैसे तीन उत्सव बड़े पैमाने पर मनाये जाते हैं। यहाँ से 'हिन्दी भवन सन्देश' सभा का सूचना पत्र तथा 'पंकज' जैसी महत्त्वपूर्ण पत्रिका भी छपती है जिसमें देश-विदेश के लेखकों का साहित्य छपता है।

इस ज्ञानवर्द्धक भाषण के उपरान्त डॉ. प्रदीप कुमार ने साहित्यिक, सांस्कृतिक शोध संस्था की गतिविधियों पर प्रकाश डाला। डॉ. विनय कुमार ने संगोष्ठी के विषय की सार्थकता का विवेचन किया। प्रोफ़ेसर डॉ. अर्जुन चव्हाण ने मॉरिशस को भारत के बाहर बसा दूसरा भारत कहकर यहाँ से हो रहे हिन्दी के विकास पर प्रकाश डालते हुए अनुरोध किया कि स्थानीय संगोष्ठी संयोजक मॉरिशस के प्रेमचन्द अभिमन्यु अनन्त से हम सबको मिलने, बात करने का अवसर प्रदान करे।

इस सत्र में सब से वरिष्ठ साहित्यकार और 'पंकज' त्रैमासिक के सम्पादक श्री अजामिल माताबदल ने अपने मन्तव्य से प्रतिभागियों को समृद्ध किया। उन्होंने आज अर्थात् 10 जनवरी को ही अन्तरराष्ट्रीय हिन्दी दिवस क्यों मनाया जाता है इसकी चर्चा करते हुए कहा कि 10 जनवरी, 1975 को भारत के नागपुर शहर में पहला विश्व हिन्दी सम्मेलन सम्पन्न हुआ जिसमें मॉरिशस के प्रधानमंत्री डॉ. रामगुलाम प्रमुख अतिथि थे। दूसरा विश्व हिन्दी सम्मेलन मॉरिशस में हुआ। भारत के बाद हिन्दी का प्रचार-प्रसार मॉरिशस में हुआ है। हिन्दी प्रचारिणी सभा मॉरिशस का प्रमुख केन्द्र है। 1935 से यहाँ हस्तलिखित हिन्दी पत्रिका 'दुर्गा' आरम्भ हुई क्योंकि छपाई की सुविधा नहीं थी।

आज 'पंकज' का सुचारु प्रकाशन गौरव की बात है। अन्य सभाएँ या संस्थाएँ हिन्दी के माध्यम से धर्म प्रचार कर रही हैं। हमारी हिन्दी प्रचारिणी सभा केवल हिन्दी भाषा का प्रचार कर रही है। हमारा यह काम 'राम के सेतु बन्धन' में गिलहरी का योगदान कहना होगा। इतने सारे आप जैसे विद्वानों की उपस्थिति हमारा हौसला बढ़ाती है।

डॉ. भरत सिंह ने 'तोहरा देख ही सपनमा में मोरे-मोरे अउ, जब दिल न बदलतै न सरकार बदल के कि करवै' मगही गीत सुनाया। उसके बाद डॉ. राजेश श्रीवास्तव ने भी एक कविता सुनाई। तदुपरान्त डॉ. विजय सन्देश (हजारीबाग, झारखंड) ने एक गीत सुनाकर लोगों को मंत्रमुग्ध कर दिया। डॉ. नारायण (तिरुपति) ने बनजारे की विरह व्यथा से सम्बद्ध लोकगीत सुनाकर लोगों को व्यथित कर दिया। डॉ. गीता सहाय ने भी एक भोजपुरी लोकगीत सुनाकर लोगों को विमुग्ध कर दिया।

गहन-गम्भीर विचार-चिन्तन एवं विचार-मन्थन के उपरान्त डॉ. विनय के संचालन में सभी प्रतिभागियों का इस मंच से सम्मान हुआ। कृतज्ञता ज्ञापन इस सभा के सचिव श्री धनराज शम्भु ने किया। दोपहर का सुरुचिपूर्ण भोजन सम्पन्न हुआ, तब तक बस सभा के दरवाज़े पर मौजूद थी।

हिन्दी प्रचारिणी सभा, मॉरिशस के प्रधान और साहित्यिक, सांस्कृतिक शोध संस्था के सचिव के संयुक्तप्रयास से खुश-खबरी सुनाई गयी—"लेखक अभिमन्यु अनत के गाँव में उनसे मिलने का प्रबन्ध किया गया है, सभी भारतीय विद्वान बस में बैठ जायें।" इसकी सबसे ज़्यादा खुशी इस पंक्ति के लेखक को हुई जिसके अनुरोध पर क्रियान्वयन हुआ था। स्वास्थ्य ठीक न होने की वजह से अभिमन्यु अनत के बाहर कार्यक्रमों के लिए न निकल पाने की ख़बर से दुख हुआ किन्तु अब उनसे मिलने की ख़बर से अपार सुख महसूस होने लगा।

ठीक आधे घंटे के बाद हमारी 24 प्रतिभागियों से भरी बस 'संवादिता' के सामने खड़ी थी। जी हाँ, यह वही मकान था जहाँ अभिमन्यु अनत रहते हैं। हमारे आगमन की सूचना यहाँ की हिन्दी प्रचारिणी सभा के द्वारा साथ में भेजे एक आदमी ने अन्दर जाते ही दे दी थी। सब के सब, एक के आगे एक बढ़ते हुए, लेखक से मिलने के लिए आतुर थे। इस विधान का लेखक भी इसके लिए अपवाद

नहीं, बल्कि वह तो सर्वाधिक आतुर था। ख़बर मिलते ही अभिमन्यु अनत सब के बीच हॉल में उपस्थित हुए। हमारे साथी दरवाजे के बाहर जूते उतारने लगे किन्तु अभिमन्यु अनत जी ने भीतर से कह दिया कि आपमें से कोई भी जूता नहीं उतारेगा। जूते के साथ अन्दर आना। बाद में पता चला कि बाहर बारिश थी, सो जूते भीग जाते, इसीलिए उन्होंने जूते उतारना मना किया था। पूरे 12 साल के बाद देखने पर अधिक दुबले-पतले लगे किन्तु उतने उत्साही भी। सपत्नीक सोफे पर बैठ गये। बारी-बारी से सबके साथ फ़ोटो खिंचे। अनगिनत फ़ोटो, अनगिनत पोजीशन में मोबाइल में और कुछ कैमरों में भी। जब अपनी बारी आयी तब फ़ोटो लेते समय ही इस पंक्ति के लेखक ने उनसे कहा कि ''मैं अर्जुन चव्हाण, पूना में हम मिले थे, अन्तरराष्ट्रीय साहित्य सम्मेलन में, हिन्दी साहित्य अकादमी मुम्बई की ओर से हमने आयोजित किया था और आपके सत्र का संचालन मैंने किया था।'' उन्होंने तुरन्त कहा कि हाँ "अर्जुन चव्हाण जी, मुझे याद है। वह एक भव्य आयोजन था, डॉ. केशव फालके आदि भी उसमें थे।" उनकी याददाश्त ने चकित किया। तब तक उनके साथ फ़ोटो खिंचवाने के लिए हमारे दूसरे साथी तत्पर थे। एक-दूसरे के आगे बढ़ने की कोशिश में। उन्हें प्रणाम किया, सरिता अनत भाभी जी को प्रणाम किया और 'भारत आने का हमारा निमंत्रण भविष्य में यदि आया तो आइएगा जरूर, टालिएगा नहीं' जैसे शब्द मुँह से अपने आप निकल पड़े। 'मैं अवश्य आऊँगा' कहते हुए वे हमारे अन्य मित्रों के साथ फ़ोटो और बातचीत में व्यस्त हो गये।

यहाँ का फ़ोटोसेशन सब के आकर्षण का केन्द्र था। उनके बेटे रत्नेश और बहू इशा से भी भेंट हुई। दोनों अपने छोटे बेटे एकलव्य के साथ ही मिले। उनके साथ थोड़ी-सी बातचीत की। सम्पर्क-सूत्र, ई-मेल, फ़ोन नम्बर सब ले लिया। यह पूछने पर कि पिताजी को आप क्या कहकर पुकारते हैं? रत्नेश ने कहा, 'बाबूजी कहता हूँ' और माँ को? उत्तर था 'माई या माँ' बोलते हैं। रत्नेश बता रहा था यदि आप बाबूजी से सम्पर्क करना चाहेंगे तो ई-मेल या फ़ोन करें, मैं देख लूँगा, उनसे सम्पर्क करवाऊँगा। पता चला कि वे मॉरिशस बैंक में बैंक मैनेजर हैं। उनसे मिलकर बात करने में भी खूब आनन्द आया।

अब तक फ़ोटो और संवाद सत्र सम्पन्न हुआ था। प्रवीण के

पुकारने पर सब के सब बस की ओर चल पड़े। इच्छा हुई फिर एक बार अभिमन्यु अनत जी से मिलूँ, बात करूँ। अब तक सब हॉल के बाहर निकल पड़े थे। मौक़े का फ़ायदा उठाया और उनके पास जाकर पूछा कि यहाँ आपकी नयी किताबें किस प्रकाशन से प्रकाशित होती हैं, मैं लेना चाहूँगा। "मेरी कोई पुस्तक मॉरिशस से प्रकाशित नहीं हुई, सभी पुस्तकें राजकमल, वाणी और दिल्ली के विविध प्रकाशनों से आयी हैं। शीला जी से मेरा अच्छा सम्पर्क था।" जैसी बातें करते-करते वे दरवाज़े से बाहर मेन गेट तक आये, साथ में पत्नी सरिता अनत भी थीं। बस में चढ़ना पढ़ा। अति असाधारण, आनन्दी, अनुपम और अद्भुत अनुभूति का यह समय अब के बाद हमेशा के लिए इतिहास बनेगा, अतीत में चला जायेगा। इसके अलावा और क्या एहसास हो सकता है? पता नहीं इतने बड़े बुजुर्ग, संवेदनशील और आत्मीय साहित्यकार से फिर कब मिलना सम्भव होगा? कौन जाने मिलना होगा भी कि नहीं?

लगता है यह हिन्दी की ही शक्ति है कि बड़ी-बड़ी हस्तियों के साथ सम्मेलन में आने का, मिलने-संवाद करने का सुअवसर मिला। यदि हिन्दी न होती तो? लगता है अपनी दुनिया बहुत छोटी होती। सिमटी हुई, संकीर्ण, गली-मुहल्ले की दुनिया तक सीमित। किन्तु ऐसा नहीं हुआ। हिन्दी ने एक बड़े सेतु का काम किया। मानव संवेदना, साहित्य, सभ्यता, संस्कृति और दुनियाभर की प्रकृति से जोड़ने का श्रेय आज हिन्दी को ही देना पड़ेगा। मॉरिशसीय-भारतीय मानव-मानव के बीच की दूरियों को हिन्दी ने ही कम किया।

छप्पर फाड़कर देनेवाला दिन

आज सारा विश्व 'विश्व हिन्दी दिवस' मना रहा है। मॉरिशस देश में ही 'विश्व हिन्दी सचिवालय' स्थापित है, संयोग से आज हम सब मॉरिशस में हैं और विश्व हिन्दी सचिवालय, मॉरिशस की ओर से शाम छह बजे (मॉरिशस घड़ी के अनुसार) 'विश्व हिन्दी दिवस, 2015' के समारोह में बाइज्जत आमंत्रित भी। सब ने समय पर पहुँचने का संकल्प किया था। बस ड्राइवर चाँद को यह कहने का अवसर नहीं देना था कि 'दिस इज़ नॉट इंडिया...आय नो इंडियन' आदि-आदि।

...और ठीक शाम के पौने छह बजे विश्व हिन्दी सचिवालय के अतिभव्य-दिव्य भवन के सामने हमारी बस आकर रुक गयी। सबके सब नीचे उतरे। मुम्बई से साथ में लाये नाश्ते का एक-एक पैकेट डॉ. अनिल जी के कहने से प्रवीण ने सब के हाथों में थमा दिया। सड़क के किनारे खाली और खुली जगह हल्का-सा नाश्ता ले सड़क के उस पार स्थित भवन की ओर चल दिये। सामने देखते ही सबसे पहले 'विश्व हिन्दी सचिवालय, मॉरिशस' का बड़े-बड़े अक्षरों में लिखा नाम सब का ध्यानाकर्षण कर गया। आहते में आते ही भारत की प्रथम महिला प्रधानमंत्री स्वर्गीय इन्दिरा जी का बुत भारत की गरिमा और

हिन्दी की अस्मिता की याद दिलाता रहा। बड़े भव्य भवन के भीतर आगे की दूसरी और तीसरी क़तारों की कुर्सियों में हमारे सारे साथी आसनस्थ हुए।

अत्यन्त खूबसूरत मंच पर समारोह की मुख्य अतिथि रूस के मॉस्को स्टेट विश्वविद्यालय की प्रोफ़ेसर ल्युद्मीला ख़ख़लोवा बीज वक्तव्य के लिए उपस्थित थीं। इतने बड़े मंच पर अकेली बीज वक्ता। मंच के सम्मुख कुर्सियों की पहली क़तार में मॉरिशस गणराज्य के राष्ट्रपति महामहिम श्री राजकेश्वर प्रयाग, शिक्षा मंत्री लीलादेवी दुखन-लछुमन, भारतीय उच्चायुक्त श्री अनूपकुमार मुद्गल और विश्व हिन्दी सचिवालय के महासचिव गंगाधरसिंह सुखलाल 'गुलशन' जैसे कई गण्यमान्य विराजमान थे। प्रोफ़ेसर सख़लोवा जी का हिन्दी में दिया गया भाषण विद्वत्तापूर्ण एवं ज्ञानवर्द्धक था। "रूस में सबसे पहले कालिदास के साहित्य के अनुवाद किये। 'नल और दमयन्ती', 'शकुन्तला' जैसी साहित्य कृतियों के अनुवाद भी किये। 1917 की क्रान्ति के बाद रूस में भारतीय भाषाओं का गम्भीरता से अध्ययन शुरू हुआ। देवनागरी और अरबी पर भी काम हुए। यहाँ हिन्दी-उर्दू पर काम होने के कारण एक 'हिर्दू' नाम भी प्रचलित हुआ। वह हिन्दी + उर्दू = हिर्दू के रूप में जाना गया। 'रामचरितमानस' का अनुवाद रूसी में करने के लिए पूरे दस साल लगे। रूसी में हिन्दी की शिक्षा के प्रमुख 3 केन्द्र हैं—(1) मॉस्को, (2) मानविकी राष्ट्रीय विश्वविद्यालय और (3) मास्को अन्तरराष्ट्रीय विश्वविद्यालय।" प्रोफ़ेसर ल्युद्मीला ख़ख़लोवा धाराप्रवाही बोल रही थीं। एक से एक, नयी से नयी जानकारी से युक्त भाषण सारगर्भित और संक्षिप्त भी था।

अब बारी थी हमारे भारतीय उच्चायुक्त अनूप कुमार मुद्गल की। उन्होंने भारत के प्रधानमन्त्री मा. नरेन्द्र मोदी जी का विश्व हिन्दी दिवस के अवसर पर आया सन्देश पढ़कर सुनाया। इससे हिन्दी के प्रति और मॉरिशस के प्रति मोदी जी की सजगता एवं संवेदनशीलता का पता चला। श्री अनूप कुमार मुद्गल जी ने इस बात पर प्रकाश डाला कि हिन्दी में लिखनेवालों की पीढ़ी मॉरिशस में भी पैदा हुई है। हिन्दी भारत की ही नहीं, मॉरिशस की भी भाषा है। उनके वक्तव्य में भारत एवं हिन्दी, दोनों के प्रति अस्मिता लक्षित हुई।

सभागार में अगली वक्ता के रूप में निवेदित होने पर मंच

पर आयी मॉरिशस की शिक्षा व मानव संसाधन, तृतीयक शिक्षा एवं वैज्ञानिक अनुसन्धान मन्त्री श्रीमती लीलादेवी दुखन-लछुमन का तालियों की गड़गड़ाहट से स्वागत हुआ। उन्होंने भी अपने मन्तव्य के जरिए हिन्दी के प्रति सद्भाव प्रस्तुत करते हुए स्पष्ट किया कि भारत के बाद मॉरिशस को ही हिन्दी के लिए जाना जाता है। उन्होंने भारत के प्रति कृतज्ञता प्रकट की कि 'भारत की साहित्य अकादेमी ने हमारे अभिमन्यु अनत को फेलोशिप दी।' इस संकल्प का इजहार किया कि हिन्दी की पढ़ाई के लिए मॉरिशस दुनिया में मिसाल बनायेगा। उनकी बातों को सुनने से ज़रूर लगा कि हिन्दी के प्रति उनका नजरिया स्वस्थ है और सकारात्मक भी। वरना वर्तमान राजनेताओं की क्या कहें? उनके लिए 'जो बोलेंगे वह करेंगे' ऐसा थोड़े ही है? वादा तोड़ने में सर्वाधिक माहिर अगर कोई है तो नेताओं की बिरादरी ही। राजनयिकों का इतिहास भी इसकी गवाही नहीं देगा तो ताज्जुब।

आज 'विश्व हिन्दी दिवस' के अन्तिम वक्ता के रूप में मॉरिशस गणराज्य के राष्ट्रपति महामहिम श्री राजकेश्वर प्रयाग मंच पर आमंत्रित किये गये और सारे भवन की आँखें उनकी ओर लगीं और कान भी। उनके संक्षिप्त किन्तु मार्मिक वक्तव्य में अनेक महत्त्वपूर्ण तथ्य और सत्य बिन्दुओं का उद्घाटन हुआ, जैसे–"हिन्दी हमारे इतिहास और भविष्य के साथ जुड़ी है। हमारे इतिहास का एक भी ऐसा पल नहीं, जहाँ हिन्दी हमारे साथ न रही हो। हिन्दी हमारे भविष्य को उज्ज्वल करने में लगी है। यह भाषा दुनिया के भविष्य के लिए ज़रूरी है। जब भारत के प्रधान मन्त्री नरेन्द्र मोदी जी की आवाज़ हिन्दी में गूँजती है तब लगता है कि यह न केवल हिन्दी के लिए बल्कि सभी एसियन भाषाओं के उन्नयन के लिए जरूरी है।" उनके हिन्दी उच्चारण में ज़रूर कहीं-कहीं अशुद्धियाँ रहीं लेकिन उनकी बातों में हिन्दी के प्रति शुद्ध भाव और सद्भाव झलकता था।

इस आयोजन के अन्त में तीन महत्त्वपूर्ण उपक्रम सम्पन्न हुए–(1) अन्तरराष्ट्रीय हिन्दी लघुकथा प्रतियोगिता, 2014 के मॉरिशसीय विजेताओं के नामों की घोषणा तथा पुरस्कार वितरण, (2) 'विश्व हिन्दी पत्रिका, 2014' के मुद्रित व वेब प्रारूप का लोकार्पण और (3) 'एक कुत्ते की मौत' नाटक का 'अकादमी ऑफ पर्फोर्मिंग आर्ट्स' द्वारा मंचन। इनमें से अन्तिम उपक्रम अर्थात हिन्दी नाटक का मंचन

बहुत बेहतरीन रहा। यह एक भोजपुरी-हिन्दी का नाटक है जिसमें एक कुत्ते की हत्या की रहस्यात्मक जाँच के जरिए पारिवारिक सम्बन्धों के विघटन, दाम्पत्य जीवन की टूटन, मूल्यों का ह्रास तथा नयी पीढ़ी के बच्चों की दोलायमान दशा का राज प्रस्तुत किया है। 15 वर्ष की लड़की परी शर्मा के माध्यम से समस्त युवा वर्ग की त्रासद मनोदशा को साकार करनेवाले इस नाटक को न केवल पारिवारिक, सामाजिक तथा यौन विषयक अपितु मनोवैज्ञानिक कोटि का बहुआयामी नाटक कहना होगा।

इस यादगार और शानदार आयोजन को सफलता के शिखर तक पहुँचाने में जितने भी धुरन्धर जुड़े और भिड़े हुए थे उनमें मंच संचालक द्वय श्री विनय गुदारी एवं अंजलि चिन्तामणि का योगदान मानना पड़ेगा और इन्दिरा गाँधी भारतीय सांस्कृतिक केन्द्र, मॉरिशस के कलाकारों द्वारा नृत्य प्रस्तुति के साथ, जयशंकर प्रसाद के गाये गये 'बीती विभावरी जाग री' स्वागत गीत के बेहतरीन प्रस्तुति का योगदान भी मानना होगा। रात का बढ़िया खाना इसी विश्व हिन्दी सचिवालय में हुआ और मॉरिशस के राष्ट्रपति श्री राजकेश्वर प्रयाग के साथ सबका फ़ोटो सेशन भी।

आज का दिन इन पंक्तियों के रचनाकार के लिए एक अमूल्य उपलब्धि बनकर आया। हिन्दी साहित्य अकादेमी, मॉरिशस के अध्यक्ष एवं हिन्दी के सशक्त साहित्यिक डॉ. हेमराज सुन्दर ने इस अन्तरराष्ट्रीय संगोष्ठी में शरीक पाँच लोगों का 10 जनवरी, 2015 के विश्व हिन्दी दिवस के अवसर पर हिन्दी साहित्य अकादेमी, मॉरिशस का सम्मानपत्र देकर गौरव किया उनमें इन शब्दों का लेखक भी सम्मिलित रहा। कभी-कभी कोई ऐसा भी दिन ज़िन्दगी में आता है जो अब तक की हुई सारी उपेक्षाओं, वंचनाओं तथा अन्यायों का प्रतिशोध लेता है और छप्पड़ फाड़कर देता ही जाता है। इस साल का 'विश्व हिन्दी दिवस' उन चुनिन्दा दिनों में से एक अपूर्व एवं अद्वितीय कहना होगा।

संगोष्ठी दिलकश : जयहिन्द, जय मॉरिशस

'रामकथा साहित्य का वैश्विक सन्दर्भ' विषय पर आयोजित अन्तरराष्ट्रीय संगोष्ठी का आज 11 जनवरी, 2015 को एक और महत्त्वपूर्ण पड़ाव सम्पन्न हुआ। मॉरिशस के काते बॉन (Quatre bone) शहर के होटल 'गोल्ड क्रेस्ट' का सभागार अनेक प्रतिभागियों, हिन्दी विद्वानों, साहित्यकारों तथा अध्यापकों से ठसाठस भरा हुआ था। चारों ओर हिन्दी का माहौल, हिन्दी की चहलकदमी और गहमा-गहमी थी। भोजनोपरान्त मॉरिशसीय घड़ी के अनुसार अपराह्न ठीक 1.30 बजे संगोष्ठी का आरम्भ भारत के भोपाल शहर से आये डॉ. राजेश श्रीवास्तव के शायराना निवेदन के साथ हुआ। निवेदन से भी ज़्यादा उनकी लिबास शायराना थी। मॉरिशस में बसे आप्रवासी भारतीयों की याद में उन्होंने शायरी में ही कहा–

"चेहरे बदले क़द को तराशा
अपनापन नीलाम किया
तब जाकर इस बस्ती में हम
बाइज़्ज़त कहलाये हैं।
ये तो सिर्फ़ मकां है लोगो

जिसमें है अपना पड़ाव
घर तो वो था, बरसों पहले
जिसे छोड़ हम आये हैं।"

मंच पर संगोष्ठी के इस सत्र के अध्यक्ष के रूप में मॉरिशस के वरिष्ठ साहित्यिक और हिन्दी के अजामिल माताबदल तथा वरिष्ठ हिन्दी कथाकार रामदेव धुरन्धर मौजूद थे। इनके अलावा यंतुदेव बुधु, प्रधान, हिन्दी प्रचारिणी सभा मॉरिशस, डॉ. अलका धनपत, अध्यक्ष, हिन्दी विभाग, महात्मा गाँधी संस्थान, मॉरिशस, डॉ. कृष्णकुमार झा, वरिष्ठ प्रवक्ता एवं डॉ. अंजलि चिन्तामणि, प्रवक्ता, महात्मा गाँधी संस्थान, मॉरिशस, डॉ. प्रदीप कुमार सिंह, सचिव, साहित्यिक-सांस्कृतिक शोध संस्था मुम्बई, उपाध्यक्ष, डॉ. अनिल सिंह, मुम्बई (भारत), डॉ. शीतलाप्रसाद दुबे, अध्यक्ष, हिन्दी अध्ययन मंडल, मुम्बई विश्वविद्यालय, मुम्बई (भारत) और डॉ. विनय कुमार, बिहार (भारत) उपस्थित थे। सचिव के नाते डॉ. प्रदीप कुमार ने स्वागत के दौरान रेखांकित किया कि इस अन्तरराष्ट्रीय संगोष्ठी के आयोजन में मॉरिशस वासियों का सहयोग और उत्साह अविस्मरणीय है। शोधपत्र प्रस्तुत करनेवाले विद्वान वक्ताओं में डॉ. सज्जाद अली, डॉ. अनिता सिंह, डॉ. भरत सिंह, डॉ. प्रतिभा सहाय, डॉ. विनयकुमार और डॉ. अर्जुन चव्हाण मौजूद थे।

डॉ. सज्जाद अली 'रामकथा साहित्य : चिकित्सा के सन्दर्भ में' जैसे अत्यन्त नये विषय पर दूसरी बार इस संगोष्ठी में बोल रहे थे कि 'हमारा हाथ यानी हमारी बॉडी का 'स्विच बोर्ड' है, रामायण में चिकित्सा के अनेक बिन्दु मिलते हैं, जो आज के सन्दर्भ में प्रासंगिक एवं उपयुक्त हो सकते हैं' आदि। फिर हाथ की हर उँगली का उपयोग किस बिन्दु से किन-किन बीमारियों के इलाज के लिए किया जा सकता है इसे भी उन्होंने समझा दिया। आज उनसे दुबारा सुना कि 'हाथ की इस छोटी अँगुली से इस बिल्डिग को गिरा सकते हैं।' डायबिटीज, ब्लड प्रेशर, शुगर, अर्टिका ब्लॉकेज, हार्ट अटैक और लकवा मारना जैसी कई बीमारियों को हर अँगुली के विशिष्ट प्वाइंट को दबाकर कैसे तुरन्त ठीक किया जा सकता है यह कहते ही सभागार और मंच पर आसीन हर व्यक्ति के मन में अपनी-अपनी बीमारी के इलाज करवाने के विचार अनायास आ गये। हर एक को लगने लगा कि डॉक्टर सज्जाद अली से अपने 'हेल्थ' के बारे में राय लेनी चाहिए।

लेकिन बहुत-सी अकादमिक संगोष्ठियों में किसी एक वक्ता को अधिक समय देना सम्भव नहीं होता। दूसरी बात वक्ता और शोध-पत्र प्रस्तोता की कमी नहीं होती। इनमें से प्रायः हर एक को लगता है कि 'सबसे हटकर मौलिक और महत्त्वपूर्ण शोध-पत्र तथा वक्तव्य अपना ही है।' जबकि वास्तव में ऐसा नहीं होता। किन्तु अपने अध्ययन और अनुभव की दुनिया सीमित होने के कारण उन्हें ऐसा लगना स्वाभाविक है। याद है कि इन पंक्तियों के लेखक को अध्यक्ष के नाते एक शोधार्थी का दावा सुनने को मिला था जिसका आशय था कि " 'तार सप्तक' के कवियों पर कहीं कोई शोध-कार्य नहीं हुआ जिसके कारण यह विषय चुना है जो अनुसन्धान के क्षेत्र में पहली बार मौलिकता से सम्पन्न होगा।" सच तो यह था कि अब तक करीबन अठारह से अधिक शोधार्थियों ने उस पर अलग-अलग कोणों से शोध किये थे। जब तथ्य से उसे अवगत कराया तब सत्य सामने आया। उसने कहा था कि 'सर, यह दावा मेरा नहीं, मुझे अपने निर्देशक ने बताया था कि 'यह विषय लो, इस पर काम नहीं हुआ।' शोधार्थी की ईमानदारी की दाद दी लेकिन शोध क्षेत्र की सच्चाई सामने आये बिना नहीं रही। 'जहाँ निर्देशक स्वयं को अन्तिम विद्वान समझकर दावा करने का निर्देश देते हैं, वहाँ शोध की दुर्दशा को कौन रोक सकता है?' छोटे-बड़े शोध-पत्रों में भी कई बार यह स्थिति देखने को मिलती है।

अगला शोध-पत्र प्रस्तुत करने के लिए डॉ. अनिता सिंह आयी थीं। उन्होंने अपनी बात को रामकथा के वैश्विक सन्दर्भ में प्रस्तुत करते हुए स्थापित किया कि 'राम मानवीय धर्म के प्रतीक हैं।' डॉ. भरत सिंह हर बार मौलिक चिन्तन प्रस्तुत करते रहे। उन्होंने आज अपना मन्तव्य इस बात पर केन्द्रित किया कि 'अयोध्या शोध संस्थान' जो करोड़ों रुपये खर्च कर रहा है वह अगर सर्वेक्षण हेतु अनुसन्धाताओं को भेजे तो उपयुक्त होगा। तुलसी ने यह कहने की हिम्मत की कि 'जे न मित्रक दुख होहिं दुखारि। तिनहि विलोकन पातक भारि।' 1990 से अमेरिका में राम साहित्य पढ़ाया जा रहा है, क्यों? यह पहले नहीं पढ़ाया जाता था। आतंकवाद, पूँजीवाद और व्यक्तिवाद के खिलाफ संघर्ष करना अगर सम्भव होगा तो रामकथा से प्रेरणा लेकर ही। तत्पश्चात डॉ. प्रतिभा सहाय ने शोध-पत्र की अपनी महत्त्वपूर्ण उपलब्धियाँ प्रस्तुत कीं कि 'भौतिक उपलब्धियों को हम विकास मानने की भूल कर रहे हैं।

रामकथा परिवार की सुरक्षितता की कुंजी देती है, सीता अपने पति के निर्णय में शान्ति से साथ देती है। समाज का विकास शास्त्र ज्ञान से करना है कि शस्त्र ज्ञान से, अब सोचना होगा' आदि।

'रामचरित्र की प्रासंगिकता : स्थानीय और वैश्विक परिप्रेक्ष्य में' विषय को लेकर प्रो. डॉ. अर्जुन चव्हाण ने यह स्पष्ट किया कि वृद्धाश्रम के बढ़ते वर्तमान समय में राम का आज्ञाकारी पुत्र रूप आज अधिक प्रासंगिक है। एड्स जैसी बढ़ती भयंकर बीमारी के युग में राम का एक पत्नी पति होना, फास्ट फूड के काल में राम का शक्तिशाली एक वाणी होना, मंच बदलते ही (कमीज की तरह) अपने वक्तव्य को बदलनेवाले नेताओं के इस दौर में राम का एक वचनी होना, जनजातियों के साथ सौहार्दपूर्ण व्यवहार कर प्रेम से खिलाने पर शबरी के जूठे बेर खाना, अपनी पत्नी के अपहरणकर्ता रावण के साथ भी, अंगद के जरिए संवाद स्थापित कर युद्ध टालने का प्रयास करना, दोस्ती का दायित्व निभाना और शरणागतों की रक्षा करना आदि। स्थानीय और वैश्विक सन्दर्भ में आज सर्वाधिक प्रासंगिक है।

ज्योतिषशास्त्र में पारंगत डॉ. विनयकुमार ने रामकथा के सन्दर्भ में अपनी मान्यताएँ प्रस्तुत कीं कि राम की कुंडली सर्वोत्तम है, तब सीता को इतना कष्ट क्यों हुआ? अपने मन्तव्य को शायरी में प्रस्तुत करने का उनका अन्दाज इन अल्फ़ाज़ों में यहाँ भी प्रकट हुआ–

"गम और खुशी का ध्यान न हो जहाँ
मैं अपने दिल को उस मकान पर छोड़ आया हूँ।"

राम कथा के सन्दर्भ में डॉ. शीतलाप्रसाद दुबे ने कहा कि "कुछ छुट-पुट लिख घोर अहंकारी बनती जा रही साहित्यिक बिरादरी को तुलसी की बात को भूलना नहीं चाहिए, जिन्होंने 'रामचरितमानस' जैसा महाकाव्य लिखकर इतना यश प्राप्त किया फिर भी नम्रता से कहा कि मैंने कुछ नहीं किया, यह राम की कृपा से हुआ।" मॉरिशस के डॉ. के.के. झा ने अपनी बात रखी कि "मॉरिशस के अनेक द्वीप हैं, यह बड़ा देश है। डोडो मॉरिशस की पहचान है, 'पॉल एण्ड विजनी' इस फ्रेंच उपन्यास के कारण भी मॉरिशस प्रसिद्ध है। यहाँ रामायण सेंटर है, रामनवमी मनाई जाती है, लोगों में शालीनता है, झगड़े नहीं हैं और राजनीति में भी समन्वय है।" अपने देश के प्रति सकारात्मक सोच रखना और अच्छाइयों को प्रस्तुत करना उनके मन्तव्य के मूल

में निहित था।

एक सिक्के के दो पहलुओं का ज़िक्र रामकथा के सन्दर्भ में मॉरिशस की डॉ. अंजलि चिन्तामणि ने किया कि "आज एक ओर नयी पीढ़ी है और दूसरी ओर राम का चरित्र। जब बच्चे अपने युग के नये साधनों से जुड़े रहते हैं और तद्नुरूप आचरण करते हैं तब रामकथा को लेकर बच्चों के लिए ऐसा कुछ किया जाये जिससे उन्हें संस्कार मिलें।" मॉरिशस की ही डॉ. अलका धनपत ने रेखांकित किया कि "रामकथा के बारे में मॉरिशस के लोगों में अब भी आकर्षण है और राम चरित्र के बारे में भी।"

हिन्दी प्रचारिणी सभा, मॉरिशस के प्रधान यंतुदेव बुधु की मान्यता थी कि सुना है "राम से बड़ा राम का नाम है। रावण कुम्भकर्ण से मायावी राम का रूप धारण करने की बात करता है तब कुम्भकर्ण रावण को ही सलाह देता है कि तुम्हें सीता को पाना है तो तुम ही मायावी राम रूप धारण कर सीता के पास जाओ। 'मैं राम बना, पर जैसे ही राम बना, दुष्कर्म करना भूल गया।' " यह रावण का अनुभूत कथन ही राम चरित्र की ताकत बता देता है।

अभिमन्यु अनत के पश्चात् मॉरिशस में जिन बड़े हिन्दी साहित्यकारों के नाम आते हैं उनमें रामदेव धुरन्धर प्रमुख हैं। उन्होंने कुछ चीज़ों को स्पष्ट किया कि "मारीच दुष्ट था, राम का बाण लगने से उसका उद्धार हुआ। पवित्र हुआ। इस देश का नाम भी मॉरिशस है। प्रेमचन्द ने 'गोदान' उपन्यास में मॉरिशस की चर्चा की है। मॉरिशस के एक प्रोफ़ेसर ने इसका पता लगाया। प्रेमचन्द ने मॉरिशस को लेकर 'शूद्रा' नामक एक कहानी लिखी है, हालाँकि अब उस तरह का मॉरिशस नहीं है। भारत हमें प्यारा लगता है। हिन्दी के नाम पर समन्वय, सम्पर्क सूत्र बना रहे। मैं मूलतः कथाकार हूँ, हाल ही में 'विराट गली के बासिन्दे' नाम से 275 पृष्ठों का मेरा चौदहवाँ व्यंग्य उपन्यास आया है भारत के आधारशिला प्रकाशन नैनीताल से। इसकी तीन कापियाँ मेरे पास हैं, आपमें से किन्हीं तीनों को देता हूँ। इस अन्तरराष्ट्रीय संगोष्ठी को सार्थक कहना होगा।"

इस सत्र का अध्यक्षीय थोड़ा हटकर हुआ। मॉरिशस के वरिष्ठ हिन्दी सेवी एवं साहित्यकार श्री अजामिल माताबदल अध्यक्ष के रूप में थे जिन्होंने प्रथमतः 'मॉरिशस के जीवन पर राम नाम का प्रभाव'

शोध-पत्र प्रस्तुत किया और फिर अपने अध्यक्षीय भाषण में कहा कि 'मॉरिशस वासियों के जीवन पर राम का प्रभाव है, यहाँ लोग राम का जन्मोत्सव 12 बजे मनाते हैं। बालक राम की मूर्ति पालने में डालकर झुलाते हैं। असल में जन्म के साथ मृत्यु तय है। यहाँ बच्चे के जन्म के अवसर पर 'ललना' गाया जाता है, जो भोजपुरी लोकगीत है। सन् 1834 में भारत से 36 आप्रवासी भारतीय यहाँ आये। तब सारा देश जंगल था। वे मानते थे कि राम भी जंगल गये थे, सो हमें कोई चिन्ता नहीं। राम कृपा से उनके वंशज ने ही मॉरिशस देश की बागडोर सँभाली है। यहाँ के प्रधानमन्त्री और राष्ट्रपति भी भारतवंशी ही रहे हैं।' माताबदल के विचारों और वाणी में राम के प्रति ही नहीं अपितु भारत के बारे में भी आत्मिक लगाव लक्षित हुआ। इस सत्र का धन्यवाद ज्ञापन 'साहित्यिक-सांस्कृतिक शोध संस्था' मुम्बई के उपाध्यक्ष डॉ. अनिल सिंह ने किया।

इस सत्र का सब से शानदार आकर्षण था 'साहित्य शिरोमणि सम्मान'। सत्र के सूत्रधार डॉ. राजेश श्रीवास्तव ने निवेदन किया कि 'अब 'साहित्य शिरोमणि सम्मान' प्रदान किया जायेगा जिनमें पहला नाम है डॉ. शीतलाप्रसाद दुबे, मुम्बई। आलोचक और साहित्यकार डॉ. अर्जुन चव्हाण से अनुरोध है कि वे डॉ. दुबे जी को अपने कर कमलों से यह सम्मान प्रदान करें।' 'डॉ. शीतलाप्रसाद दुबे मेरे मित्र हैं, भारत से आये हैं और मैं चाहता हूँ कि मेरे साथ मॉरिशस के मान्यवर साहित्यकारों के हाथों दुबे जी का सम्मान हो', अर्जुन जी के इस सुझाव का तालियों से स्वागत किया गया और पहला सम्मान भी प्रदान किया गया। मॉरिशस और भारत के कई साहित्यकारों एवं हिन्दी विद्वानों को भी सम्मानित किया गया।

जब सत्र संचालक डॉ. राजेश श्रीवास्तव ने अगला नाम घोषित किया तब इन पंक्तियों के लेखक को अपने जीवन की उन कीमती घटनाओं-प्रसंगों की याद आयी जो चिरकाल और यादगार थे। आज उनमें एक और संस्मरणीय प्रसंग। निवेदन हो रहा था...'अब भारत के हिन्दी साहित्यकार और आलोचक प्रोफ़ेसर डॉक्टर अर्जुन चव्हाण को 'साहित्य शिरोमणि सम्मान' प्रदान किया जायेगा, मॉरिशस के ज्येष्ठ साहित्यिक, उपन्यासकार श्री रामदेव धुरन्धर और माताबदल के हाथों। निवेदन सुनते ही इन शब्दों के लेखक को सबसे पहले अपना भारत देश

याद आया। फिर स्वर्गीय माता-पिता, सारा परिवार, स्वजन, परिजन, मित्र, शिवाजी विश्वविद्यालय और कार्यभूमि कोल्हापुर तथा जन्मभूमि पारेवाडी। इतने में धुरन्धर जी, माताबदल जी, अलका धनपत और सारा मंच खड़ा हुआ था, 'साहित्य शिरोमणि' इन अल्फ़ाज़ों के लेखक के हाथों में था। पता नहीं कितने सारे लोगों ने फ़ोटो खींचे, सबसे आगे सूरत के डॉ. भावेश जाधवे, कोट्टायम के डॉ. बाबू जोसेफ, तिरुपति के डॉ. नारायण और झारखंड के डॉ. विजयकुमार थे जिनका उत्साह नहीं भूला जा सकता।

डॉ. राजेश श्रीवास्तव के शायराना निवेदन ने इस समारोह को जानदार और शानदार बना दिया। दिल देने पर जान माँगनेवाले और चाँद-सितारे होने पर आसमान माँगनेवाले के लिए राजेश जी सही फर्माते हैं–

"दिल तो दे दिया, अब वो मेरी जान माँगे है
ज़िन्दगी आज मेरा इम्तिहान माँगे है
चाँद सितारे भी माँगे, तो भी दे दूँ उसको
पर वह कम्बख्त सारा आसमाँ माँगे है।"

इस सारे समारोह का धन्यवाद ज्ञापन किया 'साहित्यिक-सांस्कृतिक शोध संस्था', मुम्बई के उपाध्यक्ष डॉ. अनिल सिंह ने। उल्लेखनीय बात यह कि इस मंच से भारत का राष्ट्रगीत 'जन गण मन' गाया गया। सभागार में उपस्थित सभी लोग खड़े रहे थे। ताज्जुब की बात यह लगी कि मंच पर खड़े भारतवासियों के साथ उतनी ही ऊँची आवाज़ में मॉरिशसवासी अजामिल माताबदल, रामदेव धुरन्धर, यंतुदेव बुधु, डॉ. अलका धनपत, डॉ. के.के. झा, अंजलि चिन्तामणि आदि ने भी अपना सुर मिलाकर भारत का राष्ट्रगीत 'जन गण मन' गाया। अन्त में 'जय' का नारा भी लगा–'जय हिन्द' और 'जय मॉरिशस'।

मिज़ाज मौसम और मॉरिशस सरकार का

आज 12 जनवरी, 2015 को मिज़ाज मालूम हुआ—मॉरिशस के मौसम का और यहाँ की सरकार का भी। पता चला कि मॉरिशस का मौसम आज से बदला है। इसलिए यहाँ की सरकार ने आज से सायक्लॉन-2 (तूफान-2) घोषित कर दिया। आज से अगले 2-3 दिन तक पर्यटन नहीं हो पायेगा। तय था कि 'गोल्ड क्रेस्ट' के 410 नम्बर कमरे में बन्द रहना होगा। 'सायक्लॉन' की तीव्रता बढ़ने-कम होने पर ही अगला निर्णय निर्भर था। यदि सायक्लॉन-2 से सायक्लॉन-3 या 4 की घोषणा होगी तो किसी को भी बाहर निकलने की आज़ादी नहीं होगी। आज इसका पहला दिन है। सरकारी घोषणा के कारण आज भी न सागरी किनारों की यात्रा होगी और न अन्य दर्शनीय स्थलों की। सरकारी बसें, बैन (पाबन्दी) के कारण टूरिस्ट के लिए उपलब्ध नहीं हो सकेंगी।

सायक्लॉन के बारे में यहाँ की सरकार सख्ती से पेश आती है। इसलिए कि तूफ़ान और बारिश के कारण मॉरिशस में अनेक दुर्घटनाएँ घटित हुई हैं। कई लोगों की जानें गयी हैं। सागर की लहरें, नदियों का जल स्तर, वृक्ष का उन्मूलन और सड़क की दुर्घटनाएँ—तूफ़ान के प्रकोप के कारण अनेक लोगों को अपनी जान गँवानी पड़ी। इसलिए सरकार

सायक्लॉन के समय कठोर निर्णय लेती है। कई जगहों से पूछ-ताछ करने पर भी घूमने चलने के लिए कोई बस उपलब्ध नहीं हुई। सरकारी पाबन्दी एक ओर और तूफ़ान का डर दूसरी ओर। फलतः आज दिन भर 'गोल्ड क्रेस्ट' के 410 नम्बर कमरे में क़ैद होना पक्का था।

असल में आज की सुबह भी बेचैनी लेकर ही आयी थी। आज बेटी अमृता का जन्मदिन था। पहली बार उसके जन्मदिन पर घर से दूर था, देश से दूर था। बार-बार यह बात बहुत खल रही थी। कल रात उसे फोन पर बधाई भी दी थी और मुझे दो सम्मान प्राप्त होने की खुश खबरी भी। उसमें से अन्तरराष्ट्रीय हिन्दी दिवस 10 जनवरी, 2015 के अवसर पर मिला 'हिन्दी साहित्य अकादमी, मॉरिशस सम्मान' तुम्हारी माँ के लिए समर्पित और मॉरिशस अन्तरराष्ट्रीय हिन्दी संगोष्ठी की ओर से प्राप्त 'साहित्य शिरोमणि सम्मान' खुद उसे समर्पित करने की बात जब मैंने कही थी तब वह कितनी खुश हुई थी। लघु सन्देश सेवा (एसएमएस) के जरिए उसने कल सन्देश भी भेजा था—"गुड मॉर्निंग पिताजी! आय गेस इट इज अराउंड 7.30 ए.एम. 'देर', वी आर इगर टु लिसन योर अच्युमेंट एण्ड वी प्राउड ऑफ यू, टेक फोटो शोरली, वी मिस यू, गुड डे, टेक केयर बाय-बाय।" आज अमृता को जन्मदिन की मंगल कामनाएँ देने, उसके सर पर हाथ रखकर, पीठ थपथपाकर शाबासी देने के लिए घर पर न होने की बात भी बुरी लग रही थी। उसे एसएमएस भेजकर सन्देश पहुँचाया था तो उसने तुरन्त रिप्लाय भेजा था—"हॅलो पिताजी! हाउ आर यू? सॉरी फॉर लेट रिप्लाय, आई डिडन्ट हैव बैलंस, जस्ट फिनिश्ड पुलाव, वी ऑल आर मिसिंग यू क्लिक फ़ोटोज शोरली। डोन्ट डू शॉपिंग मच मोर। ओ.के. गुट नाइट, टेक केयर।"

मॉरिशस में सायक्लॉन-2 का ऐलान होने से आज दिनभर कहीं आना जाना नहीं हुआ। डॉ. प्रदीप कुमार और डॉ. अनिल सिंह ने पास में नीचे जाकर एक होटल तलाश लिया। नाम था 'बॉम्बे चाट'। तय किया कि आज दोपहर का खाना वहीं पर खायेंगे। सब मिलकर 'बॉम्बे चाट' पहुँच गये। वहाँ होटल के युवा मालिक महेश से भेंट हुई। फिर परिचय और कुछ बातें भी। महेश ने बहुत बढ़िया खाना खिलाया—वेज और नॉन वेज भी। पता चला कि महेश मूलतः भारतीय है। यद्यपि वह मॉरिशस का नागरिक है, फिर भी अपने मूल वतन से

उसे लगाव है। मॉरिशस के कातेबान शहर और प्रदेश के क्रिकेट का वह अध्यक्ष भी है। उसने इतने लोगों को ज़्यादा प्रतीक्षा कराए बिना स्वादिष्ट खाना खिलाया। पूरे भारतीय किस्म का खाना। मुम्बई और महाराष्ट्र का खाना, पंजाब और उत्तर भारत का खाना और गुजरात का भी। डॉ. अनिल सिंह ने महेश से बात कर कल की यात्रा के लिए एक बस उपलब्ध कराई। दोपहर का भोजन भी उसी से तय करवा लिया।

भोजन के पश्चात सभी साथी 'गोल्ड क्रेस्ट' में चले गये। पीछे बचे हुए चाय पीते-पीते कल का नियोजन करने लगे। बातें करते-करते समय कैसे बीता पता नहीं चला। बीच-बीच में बारिश भी होती रहती। एक-डेढ़ घंटे बाद डॉ. भरत सिंह और डॉ. विनय कुमार सर पर रूमाल रखे बारिश से कुछ भीगते-बचते हुए वापस लौटे। पूछने पर पता चला कि डॉ. गीता सहाय 'गोल्ड क्रेस्ट' में नहीं पहुँचीं। वे तो हमारे पास ही थीं, 5-6 लोगों के साथ। लेकिन डरने की क्या बात? पूछने पर डॉ. भरत ने बताया कि 'इसकी तबीयत ठीक नहीं रहती, उसकी माँ ने हमारे भरोसे उसे मॉरिशस भेजा है और आज सुबह ही उसे अस्पताल ले जाकर डॉक्टर से इलाज भी कराया है।' डॉ. गीता सहाय तो स्वस्थ बैठी-बैठी बातें कर रही थीं।

डॉ. गीता सहाय के कारण आज मॉरिशस की एक और खास विशेषता मालूम पड़ी। कल रात गीता का स्वास्थ्य कुछ ख़राब था। आज सुबह डॉ. भरत और डॉ. विजय कुमार उन्हें लेकर मॉरिशस के कातेबान शहर के एक अस्पताल गये थे। वहाँ अस्पताल के डॉक्टर ने तुरन्त जाँच-पड़ताल की। आवश्यक इलाज किया और दवा दी। बिना किसी देरी के, बिना किसी प्रतीक्षा के और बिना किसी पैसे के। लगा कि भारत में यदि किसी विदेशी यात्री का या किसी भारतीय नागरिक का भी टूर पर स्वास्थ्य बिगड़ जाये तो पता नहीं कितने सारे संकट खड़े हो सकते हैं? समय, शक्ति और सम्पत्ति जाने क्या-क्या और कितना अपव्यय होता? मॉरिशस जैसे देश में, जो भारत से करीब दो-ढाई गुणा महँगा है, वैद्यकीय सुविधा मुफ्त में मिलना साधारण बात नहीं कहनी चाहिए। सरकारी अस्पतालों में ही नहीं बल्कि निजी अस्पतालों में भी यह सुविधा उपलब्ध करनेवाले मॉरिशस को केवल सलाम और सलाम ही!!! सौ-सौ बार नहीं बल्कि सहस्रों बार सलाम!!!

'बॉम्बे चाट' होटल में चाय पीते-पीते आज उन्हीं गीता जी ने डॉ. शीतलाप्रसाद दुबे, डॉ. अनिल सिंह आदि की हस्तरेखाओं को देखकर कुछ तथ्य और भावी निरीक्षण बता दिये तब डॉ. प्रदीप कुमार ने डॉ. गीता सहाय को आग्रह किया कि प्रोफ़ेसर अर्जुन चव्हाण साहब का भी हाथ देखें और अपना निरीक्षण बता दें। सुनकर मैं चौंका ही नहीं अपितु बेचैन भी हुआ। उस व्यक्ति का हाथ देखने का आग्रह कि जिसने अपने को न कभी भाग्य के भरोसे छोड़ा और न भगवान के भरोसे। ज़िन्दगी में न कभी किसी जोतिषाचार्य को अपना हाथ दिखाया और न ही ऐसी बातों में समय गँवाया। साहित्यिक-सांस्कृतिक शोध संस्था, मुम्बई के सचिव डॉ. प्रदीप कुमार के बलपूर्वक आग्रह ने न केवल गीता सहाय को मेरी हस्तरेखा का निरीक्षण करने के लिए प्रवृत्त किया अपितु स्वयं मुझे भी अपने हाथ की बँधी हुई मुठ्ठी खोलने के लिए बाध्य किया।

हस्तरेखा के निरीक्षण के उपरान्त डॉ. गीता ने जो बताना शुरू किया, उसे सुनकर दंग ही नहीं, हैरान भी हुआ। सब के सब चुपचाप सुनते जा रहे थे और गीता जी बोले जा रही थीं—"आपकी दो बेटियाँ हैं। उनके कारण आप बड़े भाग्यवान हैं। बड़ी बेटी बहुत भाग्यशाली है। बड़े पद पर जायेगी। परिवार का नाम रोशन करेगी। उसके लिए रिश्ता ढूँढ़ना नहीं पड़ेगा, खुद पूछने आयेंगे। उसके सत्ताईस साल की उम्र में आपके चरम उत्कर्ष का काल आयेगा। आपकी छोटी बेटी सर्जन बनेगी। नाम करेगी। बेटा एडमिनिस्ट्रेशन में जायेगा, खिलाड़ी मनोवृत्ति का होगा। पत्नी आपको बहुत प्रेम करती है, बहुत चाहती है। कभी-कभी गुस्सा करती है लेकिन दिल की साफ़ है। घर-परिवार में आनन्दमय वातावरण रखने में उसे आनन्द आता है। आपने दो मकान बनाये हैं। एक और बनायेंगे। आपकी उम्र लम्बी है, एक सौ दस साल। आनेवाले 12 जुलाई, 2015 तक आप वी.सी. बनेंगे या किसी बड़े पद पर पहुँचेंगे।" गीता जी बता रही थीं और मैं चुपचाप सुनते और देखते ही दंग हो गया था। डॉ. प्रदीप कुमार, डॉ. शीतलाप्रसाद और अन्य साथी गीता जी की तारीफ करते और मुझे पूछते जा रहे थे कि जितना 'विगत' बताया, उसमें कितना सच है। 'आगत' को लेकर तो खैर कुछ कह नहीं सकते। आनेवाला समय बता देगा।

बाहर आज मॉरिशस में 'सायक्लॉन' का माहौल था किन्तु इन

पंक्तियों के लेखक के मन में 'सोच-विचार का सायक्लॉन'। बाहर का 'सायक्लॉन' 2-3 दिन के लिए घोषित था लेकिन अपने मन-मस्तिष्क के 'सायक्लॉन' की अवधि कितनी होगी? इन्हीं विचारों के साथ अपने कमरे के साथी डॉ. शीतलाप्रसाद जी को 'गुड नाइट' कहकर खुद को नींद के हवाले कर दिया।

मॉरिशस : लघु भारत नहीं, भारत के बाहर का भारत

सरकारी बॅन होने और सायक्लॉन-2 (तूफान-श्रेणी 2) घोषित होने के बावजूद आज 13 जनवरी, 2015 को हमारे ग्रुप के डॉ. अनिल सिंह और डॉ. प्रदीप कुमार सिंह ने बॉम्बे चाट होटल के महेश के जरिए मॉरिशस घुमाने का तथा खान-पान का प्रबन्ध कर ही दिया। मॉरिशस की घड़ी के अनुसार टूरिस्ट बस ठीक 10 बजे आयी। हम 24 प्रतिभागी यात्रा पर निकल पड़े। क्रमशः कुल सात बड़े पॉइंट देखे—ज्वालामुखी पॉइंट (Tou Aex Cerf or Velcana), लामारी जलाशय, शिवजी की खुले में रखी सबसे बड़ी लम्बी मूर्ति (Grand Bassin), गंगा तालाब, ग्री-ग्री (Gris Gris) और तामरिन (Tamrin Beach) अर्थात् इमली बीच आदि। इन सब में शानदार लगा गंगासार अर्थात गंगा तालाब। यहाँ की दुर्गामाता, शिवजी, गणेशजी, हनुमान, कुबेर और अन्य अनेक मूर्तियाँ देखने पर मालूम हुआ कि मॉरिशस को लघु भारत क्यों कहा जाता है? हमारे सारे देवी-देवता ही यहाँ नहीं बसे, बल्कि यहाँ हिन्दी भाषा में बोर्ड भी नज़र आये। यहाँ महाशिवरात्रि का उत्सव तक बड़े पैमाने पर प्रति वर्ष मनाये जाने की विशेष बात मालूम हुई।

तब लगा कि मॉरिशस को लघु भारत नहीं, भारत के बाहर का भारत कहना होगा, प्रतिभारत कहना होगा। वहाँ से लौटते समय रास्ते के दोनों ओर चाय के खूबसूरत बागान ने सब का ध्यान आकर्षित किया। फिर थोड़ी देर बस रुकवाई गयी। चाय की पत्तियाँ बीनती हुई कुछ नारियाँ नजर आयीं। यहाँ पर महेश ने हिदायत दी कि कोई पत्तियाँ तोड़ेगा नहीं। दो हज़ार रुपये का फाइन है। तब सब ने चाय के बागानों को आँखों से और पास से सिर्फ़ देखने का सुख पा लिया।

सभी सागरी किनारों में से ग्री-ग्री सागर किनारा बहुत खूबसूरत था, स्वच्छ पारदर्शक जल का किनारा किन्तु उतना ही ख़तरनाक। क्योंकि पानी खूब गहरा था और लहरें इतनी बड़ी-बड़ी थीं कि सुनामी का दृश्य याद आया। किसी को नीचे उतरने की अनुमति नहीं थी। सूचना थी कि 'डेंजर ज़ोन'। भावेश (गुजरात) ने आगे बढ़कर जलाशय के पास से अपना फ़ोटो खींचने का प्रयास आखिर कर ही लिया जिसके कारण संस्था के सचिव डॉ. प्रदीप कुमार आगबबूला हो गये, खूब गुस्से में आकर डाँटा। फिर किसी की हिम्मत नहीं हुई आगे बढ़ने की। दिनभर का भ्रमण आनन्ददायी था किन्तु सायक्लॉन 2 (तूफान स्तर 2) का डर था ही। गंगा सागर जानेवाली सड़क के किनारे खड़ी शिवजी की लम्बी मूर्ति के पास से गुज़रते समय तो सब डर गये थे। यहाँ ऊँचाई इतनी थी कि बादल और बारिश से आगे का कुछ भी नहीं दिखाई दे रहा था। एक खौफ़नाक सफ़र। बस ऐसे माहौल में भी गति से दौड़ रही थी। सब के सब भयग्रस्त। ...और आखिर डॉ. विनय कुमार (बिहार) डर के मारे पिछली सीट से खड़े होकर चिल्लाये और गाड़ी रोकने की बात की। जब स्थानीय गाइड महेश ने बताया कि 'आप डरेंगे नहीं', यहाँ ऊँचाई के कारण हर दिन का वातावरण ऐसा ही होता है। तब सब ने राहत की साँस ली। गाड़ी आगे अपने निर्धारित स्थान तक दौड़ती रही। महेश का लाया बढ़िया खाना—बिर्यानी, मीठा दही, रायता और गुलाब जामुन—मजा आया। गाड़ी में बैठकर ही खाया। किन्तु काग़ज़ किसी ने नीचे नहीं फेंका। महेश खुद एक बैग में सब इकट्ठा करता था। खाली पानी की बोतल हो, चाहे दही, रायता के प्लास्टिक के कप, सब इकट्ठा किये जा रहे थे। सागर किनारे, पहाड़ और पर्यटन

आदि स्थानों को भी मॉरिशसवासी प्रदूषण से बचाते हुए दिखाई देते हैं। कोई चीज़ इधर-उधर फेंकी नहीं जाती। हमारे प्रधान मन्त्री मोदी जी के सफ़ाई और स्वच्छता सम्बन्धी विचारों का अनुपालन मॉरिशस में ज़्यादा दिखाई दिया। यही अन्तर मानना होगा भारत और भारत के बाहर के दूसरे भारत में। आज का भ्रमण और आज की यात्रा–दोनों संस्मरणीय रहे।

‘गोल्ड क्रेस्ट’ सभागार की शाम : तीन हस्तियों के नाम

आज की शाम भी चिरस्मरणीय कहनी होगी। आज मॉरिशस की तीन बड़ी हस्तियों से मिलने, संवाद करने का और उन्हें जानने का मौक़ा मिला। अवसर था ‘कवि सम्मेलन और संवाद’ का। साहित्यिक-सांस्कृतिक शोध संस्था के सचिव डॉ. प्रदीप कुमार सिंह तथा डॉ. अनिल सिंह ने शाम को यह आयोजन किया था। इसमें निमन्त्रित थे मॉरिशस के एक बड़े साहित्यकार, ‘मॉरिशस आर्य समाज का इतिहास’, ‘मॉरिशस का इतिहास’, ‘हिन्दू मॉरिशस’, ‘मॉरिशसच्या लोक कथा’, ‘भारतीय वाङ्मय में मॉरिशस की संस्कृति’, ‘मॉरिशस की रोचक लोकककथाएँ’, ‘मॉरिशस का सुबोध इतिहास’, ‘मॉरिशस लोक साहित्य और संस्कृति’, ‘दुनिया की श्रेष्ठ लोककथाएँ’, ‘डॉ. शिवसागर राम गुलाम की राजस्थान यात्रा’ और ‘भोजपुरी लोक गीतिका’ जैसी पचास से अधिक पुस्तकों के लेखक श्री प्रह्लाद रामशरण। अभिमन्यु अनत की पीढ़ी के इस साहित्यकार ने हिन्दी के अलावा अंग्रेजी और फ्रेंच में भी लेखन किया। 1970 से हिन्दी में लेखन करनेवाले इस साहित्यकार का एक और महत्त्वपूर्ण योगदान

है–'इन्द्रधनुष' त्रैमासिक पत्रिका का सम्पादन। मॉरिशस की यह वह पहली पत्रिका है जो 'त्रिभाषी' है और हिन्दी, अंग्रेजी तथा फ्रेंच में होती है। इसमें हिन्दी के अलावा अंग्रेजी और फ्रेंच में एक ही रचना के अनुवाद साथ-साथ दिये जाते हैं। इसके अनेक संग्रहणीय विशेषांक निकले हैं जिनमें 'मोहनदास करमचन्द गाँधी विशेषांक', 'सोमदत्त बखोर विशेषांक', 'मॉरिशस के हिन्दी सेवी विशेषांक', 'ले ओविल लोम विशेषांक' (मॉरिशस के पहले राष्ट्र कवि), 'श्री अरविन्द विशेषांक' (योगी अरविन्द पर केन्द्रित) और 'राजकुमारी इन्दिरा देवी धनराजगीरजी विशेषांक' आदि विशेष उल्लेखनीय कहने होंगे।

इन पंक्तियों के लेखक को साहित्यकार प्रह्लाद रामशरण जी से 'इन्द्रधनुष' पत्रिका के अनेक अंक भेंट स्वरूप पाने का सौभाग्य प्राप्त हुआ। तब खुशी इतनी हुई कि शायद लाखों का धन पाने पर भी न होती। वस्तुतः इस लेखक पर अब एम.फिल्., पीएच.डी. और डी.लिट्. जैसी उपाधियों के लिए विविध विषयों पर शोध-कार्य किया जा सकता है। अकेले 'इन्द्रधनुष' जैसी त्रिभाषी त्रैमासिक पत्रिका पर अनुसन्धान हो सकता है। मॉरिशसीय इतिहास, कला, संस्कृति एवं साहित्य का यह प्रगतिशील त्रिभाषी त्रैमासिक अपने समय का मॉरिशस का और सम्भवतः दुनिया का पहला त्रैमासिक कहना होगा। इसके सम्पादकीय लेखों में प्रह्लाद रामशरण जी की एक ओर हिन्दी के प्रति प्रतिबद्धता दिखाई देती है तो दूसरी ओर वैश्विक सन्दर्भ में मानव संवेदना और मानव सभ्यता की सुगन्ध मिलती है।

इनके वक्तव्य को सुनकर एक ओर ज्ञानवर्धन हुआ तो दूसरी ओर हैरानी भी। पता चला कि मॉरिशस में छह दैनिक फ्रेंच में मिलते हैं और छह दैनिक अंग्रेजी में। किन्तु हिन्दी में एक भी दैनिक नहीं निकलता। क्रिओल कवि का विशेषांक भी निकला है जिसने सीता पर फ्रेंच में कविता लिखी है। क्रियोल भाषा यहाँ के स्थानीय लोग बोलते हैं। क्रियोल को राजनीतिक प्रश्रय मिलने के कारण वह यहाँ के स्कूलों में पढ़ाई जा रही है। मूलतः काले लोगों की भाषा होने के कारण इसे क्रियोल कहा जाने लगा।

इन पंक्तियों के लेखक ने परिचर्चा के दौरान जब प्रह्लाद रामशरण जी से यह प्रश्न पूछा कि 'क्या क्रियोल भाषा का हिन्दी के प्रचार-प्रसार तथा विकास में योगदान मिल सकता है?' तब बिना किसी देरी के

उनसे जवाब मिला था 'बिल्कुल नहीं'। वे बोले जा रहे थे कि शिवसागर रामगुलाम (प्रधानमन्त्री) के प्रयास से उनके साथ 4-5 हिन्दी अध्यापकों की यहाँ के स्कूलों-कॉलेजों में नियुक्तियाँ हुई थीं किन्तु यहाँ के विशिष्ट वर्ग के लोगों को अपने बच्चों को हिन्दी पढ़ना तुच्छ लगता था, अच्छा नहीं लगता था। लेकिन धीरे-धीरे हिन्दी का अध्ययन-अध्यापन बढ़ता गया। आज यहाँ 75 कॉलेजों में हिन्दी पढ़ी जाती है। 400 से अधिक अध्यापक हिन्दी पढ़ा रहे हैं। यह पूछने पर कि 'क्या हिन्दी पढ़ने पर यहाँ रोजगार मिलता है?' उन्होंने तुरन्त जवाब दिया—'स्कूल, कॉलेजों में अध्यापक बनते हैं।' यहाँ विश्वविद्यालयों में हिन्दी में अनुसन्धान भी हो रहा है।

इस परिसंवाद में मॉरिशस की घड़ी के अनुसार रात के साढ़े नौ कब बज गये पता ही नहीं चला ? परिचर्चा में हममें से तीन भारतीय वक्ताओं को अपने वक्तव्य के लिए अवसर दिया। डॉ. अनिता सिंह (बिहार), डॉ. विजय कुमार (झारखंड) और प्रो. अर्जुन चव्हाण, कोल्हापुर (महाराष्ट्र)। अपने वक्तव्य से इन पंक्तियों के लेखक को सभागार में बैठे लोगों की इस कथन पर तालियाँ मिलने का आन्तरिक और आत्मिक आनन्द मिला कि "मॉरिशस भारतीय घड़ी की तुलना में भले ही डेढ़ घंटा पीछे है किन्तु हिन्दी के प्रचार-प्रसार में वह भारत से आगे है।"

इस सभागार में मॉरिशस के बाबूराम महादू भी थे जो फ्रेंच तथा अंग्रेजी के साहित्यकार हैं। गीता पर फ्रेंच में लेखन करनेवाले ये पहले फ्रेंच विद्वान माने जाते हैं। उनसे हुई चर्चा से पता चला कि इनके पूर्वज भारतीय थे, जो महाराष्ट्र के रत्नागिरी के थे। तीसरे महान व्यक्ति थे डॉक्टर इन्द्रदत्त। वे पेशे से वैद्यकीय क्षेत्र के डॉक्टर थे किन्तु अच्छे चित्रकार, कथाकार भी। उन्होंने रातभर जागकर डॉ. प्रदीप कुमार का हुबहू चित्रखींचकर आज समारोह में उन्हें भेंट किया था। सभी प्रतिभागियों का यहाँ सम्मान हुआ। सभागार में होटल गोल्ड क्रेस्ट का डायनिंग बन्द होने की सूचना मिली। खाना 10 बजे के बाद नहीं मिलनेवाला था अतः धन्यवाद ज्ञापन के पहले डॉ. रुक्साना (बिहार) के पिता के गुज़र जाने की दुखद ख़बर बीच में ही मिली। सब ने मौन खड़े होकर श्रद्धांजलि अर्पित की और डॉ. भरत जी द्वारा आभार ज्ञापन के साथ सभा विसर्जित हुई। यादगार दिन और रात भी।

सायक्लॉन-2 का रंग : आज का पर्यटन बेरंग

आज 14 जनवरी, 2015 मकर संक्रान्ति के पर्व का प्रारम्भ। इधर मॉरिशस में सायक्लॉन (तूफान) का आरम्भ। अन्तरराष्ट्रीय संगोष्ठी के प्रतिभागियों के पर्यटन का बेरंग। तय हुआ था कि मॉरिशस ईस्ट की यात्रा पर आज निकलना है किन्तु दिनभर 'गोल्ड क्रेस्ट' होटल के 410 नम्बर कमरे में क़ैद होना पड़ा। बैंक से रुपये निकालने में बाधा उत्पन्न होने से आज नियोजन बिखर गया। हाँ, यह बात अलग है कि इसका फायदा सब ने उठाया, अलग-अलग मॉल में जाकर जमकर 'पर्चेजिंग' किया। घूमते रहे मॉल और सबका बजट बेताल। इन शब्दों के शिल्पी ने भी कुछ दूसरा फायदा उठाया। जमकर पढ़ने और लिखने में अपना समय बिताया। डॉ. हेमराज सुन्दर की साक्षात्कार की रचना, 'चेतना' काव्य संग्रह, डॉ. प्रह्लाद रामशरण के द्वारा सम्पादित 'इन्द्रधनुष' त्रिभाषी त्रैमासिक पत्रिका के अनेक विशेषांक तथा अजामिल माताबदल द्वारा सम्पादित 'पंकज' पत्रिका आदि को खूब पढ़ता रहा। जमकर नया पढ़ने का सुख और उसे शब्दबद्ध करने का आनन्द कोई संवेदनशील रसिक रचनाकार ही पा सकता है, अरसिक नहीं। मोबाइल का बैलंस ख़त्म हुआ था, रिचार्ज

करना अत्यन्त ज़रूरी था लेकिन हमारे कक्ष के साथी डॉ. शीतलाप्रसाद दुबे ने इस समस्या को हल किया। अपने काम से वे बाहर गये और तीन सौ रुपये का 'ई एम टी एल' रिचार्ज भी कर दिया। ऊपर से बैलंस आया कि नहीं इसकी पूछताछ के लिए उन्होंने फ़ोन भी किया।

जब मोबाइल में बैलंस आया तो फ़ोन भी जमकर किये। सबसे पहले आज अनु को फ़ोन किया और मकरसंक्रान्ति के पर्व की शुभकामनाएँ दीं। कुशल-मंगल तो रोज़ जानता ही था। उसका एक ही सवाल होता कि 'कब निकल रहे हो?' फिर आगे सुझाव होता कि 'खरीदना कुछ नहीं, मॉरिशस महँगा है'। बेटी अमृता से भी बात हुई। चारु, भूषण कॉलेज गये थे सो फ़ोन पर उनसे बात नहीं हो पायी। मॉरिशस और भारत के कई मित्रों से फ़ोन पर बातें हुईं। डॉ. यादवराव धुमाळ (कराड), डॉ. शंकर सिंह बुन्देले (अमरावती), डॉ. लक्ष्मण पाटिल (सांगली), डॉ. नन्दकिशोर बुवा, डॉ. आर.के. पुरी (कोल्हापुर) और मॉरिशस के लेखक रामदेव धुरन्धर तथा डॉ. अलका धनपत आदि। इतने में बैलंस खत्म और मोबाइल बन्द। फिर शाम के समय डॉ. शीतलाप्रसाद दुबे जी के साथ पासवाले मॉल में जाकर किस्म-किस्म के चाकलेट, बिस्कुट, क्रीम आदि जमकर खरीद लिए। बीच-बीच में डर भी लगता कि घर से बार-बार 'मेसेज' आया है 'मॉरिशस महँगा है, कुछ खरीदना मत' और हम दोनों हैं कि लगातार मतलब-बेमतलब का खरीदे जा रहे हैं। हमारे साथी डॉ. शीतलाप्रसाद जी का अपने पोते और बहू के लिए रुचि के साथ चीज़ें देख-देखकर, छाँट-छाँट कर खरीद लेना सुखद लगा। उनका 'कुटुम्ब वत्सल' रूप मन को खूब भाया। नाम के दुबे लेकिन मन से चौबे, छब्बे से भी बढ़कर। मज़ा आया साथ-साथ चीज़ों को ख़रीद लेते समय। कातेबान में सब के सब प्रतिभागी जम कर मार्केटिंग करते रहे। मार्केट-दर-मार्केट, मॉल-दर-मॉल किन्तु बजट बेताल। लगभग सभी का। रात के भोजन के समय सभी साथी गोल्ड क्रेस्ट के डायनिंग हॉल में फिर मिले। तय हुआ कि कल 'ईस्ट मॉरिशस' के भ्रमण के लिए सुबह-सुबह तैयार रहना है नाश्ता लेकर। फिर भी रात में एक-दूसरे के कमरे में जाना, मिलना, बातें करना यह सिलसिला देर तक चलता ही रहा।

राज हीरामन का खरामन, अलका धनपत का मनपथ

...और आखिर 15 जनवरी, 2015 का सबेरा हो ही गया। सभी भारतीय प्रतिभागी मित्रों को इसकी प्रतीक्षा थी। अपने वतन की ओर आज निकलना था। आज रात मॉरिशस की घड़ी के अनुसार साढ़े नौ बजे की फ्लाइट थी। भारतीय घड़ी के अनुसार रात ग्यारह बजे, वतन की ओर ले चलनेवाले विमान के साथ उड़ना तय था। पूरे नौ दिन बीते। पता ही नहीं चला कि समय इतनी तेज़ी से कैसे बीत गया। वह बीत गया कि भाग गया कह नहीं सकते। लेकिन यह निश्चित था कि 15 जनवरी, 2015 को वापसी है, भारत की ओर जानेवाली उड़ान का आरक्षण हुआ है।

सब के सब सुबह नाश्ते के लिए होटल गोल्ड क्रेस्ट के डायनिंग हॉल में एक साथ ठीक साढ़े सात बजे उपस्थित हुए। भारतीय घड़ी में भले ही नौ क्यों न बज गये हो किन्तु मॉरिशस में आज का अन्तिम दिन था और कार्यक्रम खूब थे। सब से पहले समापन सत्र, तत्पश्चात फिर प्रमाणपत्र वितरण और फिर अन्त में पर्यटन। बचा हुआ 'ईस्ट मॉरिशस' तो देखना था ही। अतः आज तैयार होने में किसी को भी देर नहीं

हुई। प्रतिदिन भी सब साथ में ही नाश्ता और खाना लिया करते किन्तु कभी चन्द मिनट आगे-पीछे भी हो जाते। लेकिन आज एकदम सब साथ-साथ।

इन सब के बीच जिन दो व्यक्तियों की दिनचर्या ध्यानाकर्षित किया करती—वे थे डॉ. अर्जुन चव्हाण और डॉ. शीतलाप्रसाद दुबे। हवा हो या सर्दी, बारिश हो या सायक्लान (तूफान), न इन्होंने कभी अपना 'मॉर्निंग वॉक' छोड़ा और न भोजनोपरान्त का 'ईवनिंग वॉक'। दोनों बाकायदा घूमने के शौकीन। 'वॉकिंग ट्रॅक' तो खोज ही लिया था जो हिन्दू बस्ती की गलियों से जाता था और जहाँ लोगों के निवास स्थानों के भीतर ही देवी-देवताओं के छोटे-छोटे अनेक मन्दिर थे। लेकिन इन्होंने खाली समय में यहाँ के कपड़े की मार्केट, सब्ज़ी मंडी और बड़े-बड़े मॉल भी तलाश लिए। चीज़ों के दामों तक का पता किया। इसलिए एक दिन पहले ही इनकी खरीददारी पूरी हुई थी और किफायती खरीददारी। आज का सबेरा भी इनकी दिनचर्या के अनुरूप ही था। बारिश और तेज़ हवा के बावजूद इन्होंने मौसम का मिज़ाज देखते हुए और बारिश से बचते हुए अपना 'मॉर्निंग वॉक' पूरा कर ही डाला।

सुबह नाश्ते के साथ ही बीच में डॉ. प्रदीप कुमार ने सूचना दी कि "अब के तुरन्त बाद समापन सत्र एवं प्रमाणपत्र विवरण समारोह शुरू होगा और उसके बाद नीचे गाड़ी आयेगी और हम सब को 'ईस्ट मॉरिशस' की सैर पर ले चलेगी। सब का सामान, बड़ी-बड़ी अटैचियाँ कमरा नं. 407 में रहेंगी, हम सब 'ईस्ट मॉरिशस' देखकर छह बजे सीधे 'एअर पोर्ट' जायेंगे और दूसरी गाड़ी से 'बाम्बे चाट' के मालिक महेश यहाँ का अपना सामान सीधे 'एअर पोर्ट' लेकर आने का प्रबन्ध कर चुके हैं।" सब के सब बड़े उत्साही थे। आज दिनभर घूमने का अवसर मिलनेवाला था।

समापन सत्र ठीक दस बजे शुरू हुआ। सूत्र-संचालन भारत के झारखंड से आये कवि डॉ. विजय कुमार कर रहे थे। मंच पर कई विद्वान मौजूद थे, जिनमें प्रमुख रूप से मॉरिशस के प्रसिद्ध वरिष्ठ हिन्दी साहित्यकार राज हीरामन, महात्मा गाँधी संस्थान के हिन्दी विभाग की अध्यक्ष डॉ. अलका धनपत, भारत के डॉ. प्रदीप कुमार, डॉ. अनिल सिंह, डॉ. विनय कुमार और डॉ. शीतलाप्रसाद दुबे आदि भी थे। आज

के सत्र का मुख्य आकर्षण था राज हीरामन जी को सुनना। विगत आठ दिनों में वे नहीं मिल पाये थे। वे भारत में थे और मुम्बई तथा अन्य संगोष्ठियों में शरीक होने हेतु गये थे। पता चला कि कल-परसों ही मॉरिशस वापस लौटे हैं। देखने में भारी-भरकम, ऊँची कदकाठी, अच्छा-खासा आकर्षक व्यक्तित्व, वयोवृद्ध किन्तु उत्साही और तेजस्वी। जब बोलने के लिए खड़े हुए तो ओजस्वी भी लगे। अत्यन्त स्पष्ट और प्रखर।

राज हीरामन जी ने अपनी बात कहना शुरू की—"बोलने का मतलब है सुनना, मैं बोलूँगा और आप सुनेंगे। आपको सुनना पड़ेगा। मुझे दुःख नहीं कि यहाँ तूफ़ान आया है, आपको मालूम होना/कराना चाहिए था कि किस समय यहाँ कैसा माहौल होता है। मैंने भारत की 22 यात्राएँ की हैं। भगवान् से कहता हूँ—'आप जब तक नहीं बुलायेंगे तब तक नहीं आऊँगा।' मैं बिना बुलाये कहीं नहीं जाता। भगवान् के यहाँ भी नहीं। हिन्दी मेरे लिए सभ्यता, संस्कार की भाषा है। हिन्दी मेरे लेखन की भाषा है। संरचना की समस्या वहाँ आती है जहाँ सोचते एक भाषा में और लिखते दूसरी भाषा में हैं।" राज हीरामन जी के तेवर कुछ कड़े हो गये थे। उसी अन्दाज़ में वे बोले जा रहे थे कि "मैं दस जगह भारत गया हूँ और दस जगह गालियाँ देकर आया हूँ। गाँधीजी की विचारधारा का क्या हुआ? जिसे लेकर गाँधीजी ने जहाँ काम किया—कहाँ गया वह सब? फेस बुक पर गालियाँ देनेवाले को लाखों रुपये मिलते हैं। आपने मॉरिशस एक प्रतिशत भी नहीं समझा है। चीन उद्योग में सब से आगे है, सस्ताई में सब से आगे है। आप मौसम की वजह से मॉरिशस पूरा नहीं देख पाये, मुझे क्षमा करें।" इस प्रकार कुछ तीखी, खट्टी-मीठी बातें कहे कि मीठी कम, खट्टी और तीखी बातें ही ज़्यादा राज हीरामन जी द्वारा व्यक्त हुई थीं।

अब लगभग सारे प्रतिभागी बेचैन-से लग रहे थे। क्योंकि यह समय लम्बे-चौड़े भाषण सुनने का नहीं था। वे 'ईस्ट मॉरिशस' भ्रमण के लिए जल्दी निकलना चाहते थे। तभी निवेदक डॉ. विजय कुमार ने निवेदन किया कि 'अब समारोह का अध्यक्षीय मन्तव्य देने के लिए मॉरिशस की अलका धनपत आमंत्रित है।' उद्घोषणा के अनुसार अध्यक्षीय भाषण के लिए डॉ. अलका धनपत आयीं। उन्होंने ऐसी कई बातें कहीं जिससे मॉरिशस के शैक्षिक, सामाजिक एवं राजनीतिक

परिवेश का पता चला। असल में 13 से 15 जनवरी का समय मॉरिशस भ्रमण के लिए तय किया था लेकिन इन्हीं दिनों मॉरिशस सरकार ने सायक्लॉन-2 (तूफ़ान-दो) की घोषणा की थी। इसलिए हर कोई कहीं भी जाने से पहले सोचता रहता। कहीं पर्यटन के लिए निकले और कुछ हो जाये तो? मन के किसी कोने में कई चीज़ें, कई दर्शनीय स्थल देखने का आकर्षण था और तूफ़ान के आने का भय भी। सायक्लॉन-2 की उद्घोषणा ने मनोवैज्ञानिक दबाव भी बनाये रखा था। दो दिनों से हवा साँय-साँय करते तेज़ चल ही रही थी। बीच-बीच में बारिश भी आती और रुक जाती थी।

आज समापन सत्र में डॉ. अलका धनपत जी ने अध्यक्षीय मन्तव्य शुरू किया कि "भारत से आया हर कोई पूछता था कि सायक्लॉन-2 घोषित है किन्तु ऐसा कुछ भी नहीं हुआ...। यह सूचना मिली कि पूरब से सायक्लॉन डायवर्ट हुआ दूसरी ओर। वर्ना वह बढ़ जाता, सायक्लॉन-3 और सायक्लॉन-4 अगर घोषित होता तो लोगों को अपने मकान से बाहर निकलना भी मना किया जाता। एक बार तूफ़ान और बारिश ख़ूब हुई। सागर किनारे देखने गये आठ लोग लहर के साथ समन्दर में बह गये, कुछ की गाड़ियाँ भी बह गयीं। खोजने पर कुछ की लाशें भी नहीं मिलीं।" अलका जी के मन्तव्य सुनने पर सब के मन में सायक्लॉन सम्बन्धी भय और बढ़ गया। उन्होंने अपनी बात आगे जारी रखी कि "एक बार भयंकर तूफ़ान और ख़ूब बारिश हुई। नदी-नाले भर गये। एक महिला अपनी बच्ची को स्कूल से लाने गयी थी। वह स्कूली बच्ची और उसकी माँ नदी में बह गयी। उस वक्त सायक्लॉन घोषित नहीं किया था। तब यहाँ की सरकार ने मौसम विभाग के प्रमुख को सस्पेंड किया। तब से यहाँ की सरकार और मौसम विभाग ऐसे मामले में अलर्ट हैं।" अलका जी का संकेत था कि आप सब पर्यटन के लिए कल नहीं निकल सके सो अच्छा ही हुआ। कुछ अनहोनी घटित होती तो क्या करते ? वे राज हीरामन की बात को लेकर भी बोलीं कि "इस समय राज हीरामन जी को कुछ बातें नहीं बोलनी चाहिए थीं।" विश्व हिन्दी दिवस के अवसर पर 10 जनवरी, 2015 को विश्व हिन्दी सचिवालय, मॉरिशस में सम्पन्न समारोह के लिए मॉरिशस के राष्ट्रपति मौजूद थे। अन्तरराष्ट्रीय संगोष्ठी में शरीक सभी साथियों को यहाँ निमंत्रित किया था। खाना भी वहीं खिलाया गया। उसमें स्वयं

राष्ट्रपति महोदय भी रुके थे। उनके साथ कुछ ग्रुप फ़ोटो भी खिंचवाये गये। भारत से आये सरकार के प्रतिनिधि भारतीय उच्चायुक्त अनूप कुमार मुद्गल भी उपस्थित थे। किन्तु भारत से आये कुछ प्रतिभागियों ने खाना खाते समय भी राष्ट्रपति महोदय के पास खड़े रहकर फ़ोटो खींचे। अलका जी ने इस बात को भी उठाते हुए कहा कि "आपमें से कुछ लोगों ने मॉरिशस के राष्ट्रपति महोदय के साथ खाना खाते समय भी फ़ोटो खींचे, जो इस देश के डोकोरम के खिलाफ़ है, आगे ऐसा न हो। हमें ऐसी चीज़ों का ध्यान रखना चाहिए। मॉरिशस में हिन्दी के स्तर को बढ़ाने के लिए हम सब प्रयास करते हैं। हम जो सिलेबस बनाते हैं वह दिल्ली विश्वविद्यालय के लेवल का बनाते हैं। संगोष्ठी को सफल बनाने के लिए डॉ. प्रदीप कुमार और सभी भारतीय भाई-बहनों ने प्रशंसनीय योगदान किया। भविष्य में भी यह सहयोग-सम्पर्क बना रहे।" अलका जी का मन्तव्य भी कुछ-कुछ लम्बा होता जा रहा था। इधर प्रतिभागियों को मॉरिशस दर्शन हेतु पर्यटन के लिए निकलने का आकर्षण था।

सत्र के सूत्रधार डॉ. विजय कुमार 'सन्देश' ने धन्यवाद ज्ञापन की उद्घोषणा की और डॉ. प्रदीप कुमार सिंह ने आकर अपनी बात प्रारम्भ की कि "कल का दिन मेरे लिए दुख और चिन्ता का था। अलका जी ने मदद की। डेकोरम सम्बन्धी जो हुआ उसके लिए मैं क्षमाप्रार्थी हूँ। यह गलती दोबारा नहीं होगी। इस अन्तरराष्ट्रीय संगोष्ठी के सफल आयोजन के लिए यंतुदेव बुधु और विशेष रूप से अलका धनपत जी का बहुत-बहुत आभार। खासकर अलका जी से प्राप्त कल के सहयोग के लिए धन्यवाद ज्ञापन के लिए मेरे पास शब्द नहीं हैं। आप सब प्रतिभागियों का धन्यवाद, जिनके सहयोग से यह आयोजन यादगार और गरिमामयी रहा।" प्रदीप कुमार जी के लिए कल का दिन दुखद क्यों था? यह जानने की जिज्ञासा भी कुछ लोगों के मन में बढ़ गयी थी।

पता चला कि भारत से आये प्रतिभागियों के भोजन, भ्रमण और निवास आदि की ज़िम्मेदारी 'साहित्यिक-सांस्कृतिक शोध संस्था' के सचिव के नाते डॉ. प्रदीप कुमार की थी। इसके लिए वे साथ में जो राशि लाये थे वह कल ख़त्म हुई। लेकिन चिन्ता पैसे की नहीं थी क्योंकि उनके बैंक अकाउंट में पर्याप्त बैलेंस भी था। ...और मुम्बई

से मॉरिशस निकलते समय उन्होंने अपने आई.सी.आई.सी.आई. बैंक के अकाउंट की राशि बैंक ऑफ इंडिया में खाता खोल और उसका ए.टी.एम. कार्ड लेकर उसमें भर दी। साथ में आवश्यक राशि भी ले ली और यह सोचा कि ज़रूरत पड़ने पर मॉरिशस में ए.टी.एम. से पैसे निकाल लेंगे। ...और कल साथ लायी सारी राशि ख़त्म हुई। प्रदीप कुमार अपना ए.टी.एम. कार्ड लेकर निकल पड़े किन्तु काफ़ी खोजबीन करने पर पता चला कि बैंक ऑफ इंडिया की यहाँ कोई शाखा नहीं है। अन्य बैंकों के ए.टी.एम. से पैसा नहीं निकल पा रहा है। दो दिन का नाश्ता-खाना, होटल और 15 जनवरी, 2015 के भ्रमण तथा रात एअरपोर्ट तक पहुँचने का व्यय कहाँ से करें? पैसे की चिन्ता और ऊपर से संवेदनशील व्यक्ति होने के नाते उनका दुखी होना स्वाभाविक था। अपने कुछ निकट साथियों से बात कर उन्होंने कल यथा-सम्भव थोड़ी-थोड़ी राशि का संकलन भी किया था। इसी सिलसिले में मॉरिशस के कुछ स्थानीय परिचितों से भी उन्होंने सम्पर्क किया था। डॉ. कृष्ण कुमार झा को भी अपनी पारिवारिक व्यस्तता के कारण इसके लिए समय देना सम्भव नहीं हो सका। जब अलका जी से फ़ोन पर सम्पर्क किया गया तो उन्होंने पूछा कि कितने रुपयों की ज़रूरत है? ...और कुछ समय के बाद उन्होंने अट्ठाईस हज़ार लाकर प्रदीप कुमार को दे दिये। वे भी मॉरिशस के रुपये। यानी भारत के लगभग सत्तर हज़ार। प्रदीप कुमार जी की चिन्ता ख़त्म, जिसके लिए कल का दिन उनको दुखद लगा था।

मॉरिशस की एक अल्प परिचित महिला अध्यापिका द्वारा इतनी बड़ी मदद। वह भी आपात्कालीन स्थिति में। उसका भरोसा, विश्वास, तत्परता से सहयोग और आत्मीय व्यवहार देखकर कौन प्रभावित नहीं होगा? डॉ. प्रदीप कुमार की बात तो और ही थी। अलका जी के इस सहयोग से वे गद्गद हुए। वे दुखी थे किन्तु कल का 'चिन्ता' का दिन उनके लिए 'चिन्तन' में बदल गया। 'दुखद' दिन का 'सुखद' अन्त हुआ।

आख़िर हिन्दुस्तान सबसे प्यारा...

समापन सत्र में आह्वान किया गया था कि जिसको अपना मन्तव्य व्यक्त करना है, वह मंच पर आये और दो-दो मिनट में अपनी बात कहे। तब डॉ. प्रतिभा सहाय, डॉ. भरत सिंह, डॉ. मधुप्रभा सिंह, डॉ. गीता सहाय तथा डॉ. विनय कुमार सिंह आदि अनेक प्रतिभागियों ने इस अन्तरराष्ट्रीय संगोष्ठी की सफलता और सार्थकता को व्यक्त किया। भारत के तिरुपति से आये डॉ. नारायण की यह बात भावपूर्ण और प्रभावपूर्ण लगी कि "मॉरिशस आते समय मन में कुछ-कुछ चिन्ताएँ भी थीं कि कैसे होगा, क्या होगा? पता नहीं, किसी से परिचय नहीं। लेकिन यहाँ तो हमारी दीदी हैं (इशारा डॉ. अलका धनपत की ओर था) और जीजू भी। सब अपने लगे। अब इनकी यादों के साथ लौटेंगे।" विनय कुमार जी ने शायराना अन्दाज़ में अपनी बात कही। मॉरिशस वासियों का प्यार, विशेषतः डॉ. अलका धनपत जी से मिले सहयोग की ओर संकेत कर मानो इन अल्फ़ाज़ों में उन्होंने शुक्रिया ही अदा किया—

"अपने होठों की हँसी हम तुझको देंगे
आँसू तेरे अपनी आँखों में लेंगे।"

दोस्ती की मज़बूती और मित्रता की मिसाल का इज़हार डॉ. विनय कुमार जी ने इन लफ़्ज़ों में किया–

"हम वो नहीं, जो छोड़ दे दामन तेरा"

बारी आयी तब इन पंक्तियों के लेखक भी मंच पर माइक के सम्मुख जाकर खड़े हुए। क्योंकि यह अन्तिम अवसर था अन्तरराष्ट्रीय संगोष्ठी में सब के बीच अपनी बात कहने का। इसे छोड़ने का मन नहीं हो रहा था। लेकिन समय भी बचाना ज़रूरी था। ताकि बचे हुए मॉरिशस के भ्रमण पर निकलना था। बारह बजे से पहले समापन सत्र सम्पन्न होना था, सात बजे तक पर्यटन स्थल देखकर साढ़े सात बजे तक मॉरिशस हवाई अड्डे पर पहुँचना था। वापसी की फ्लाइट रात 9.15 बजे की थी। बहुत बड़ी भाषणबाजी करना बेकार की बात थी। अतः अपनी बात आरम्भ करने से पहले ही घोषित कर दिया कि "सब ने दो-दो मिनट अपनी बातें कहीं, मैं सिर्फ़ डेढ़ मिनट लूँगा, आधा मिनट बचाते हुए। भाषण बिल्कुल नहीं, एक काव्य के जरिए अपनी बात प्रस्तुत करूँगा।"

...और वह छोटी-सी कविता प्रस्तुत की जिसे सुबह नाश्ते के तुरन्त बाद होटल गोल्ड क्रेस्ट के अपने कमरा नं. 410 में 8.30 बजे से बैठकर लिखना प्रारम्भ किया था और अपने कमरे के साथी डॉ. शीतलाप्रसाद दुबे के अन्दर आकर सूचित करने पर कि 'चलिए अर्जुन जी, अब सब लोग सभागार में बैठे हैं और मान्यवर मंचासीन हो गये हैं, समापन समारोह शुरू होने जा रहा है', इसे लिखना बन्द किया था। जितना लिखा उतना पर्याप्त मानकर। सुबह से दिमाग़ में कुछ बिम्ब भीड़ बनकर उभरते जा रहे थे, जिन्हें शब्दों में साकार करने की बेताबी बढ़ गयी थी। बाकी सारे साथी सभागार में बैठे थे किन्तु उनके साथ न बैठकर खाली समय गँवाने की अपेक्षा, जो एक घंटे का समय मिला था उसका पूरा फायदा उठाने के लिए अपने कमरे में जाकर क़ैद हुआ था। कलम, काग़ज़ और काव्य की कुछ पंक्तियों के साथ खो गया था। दुबे जी की आवाज़ ने समय और समापन समारोह का अहसास करा दिया था। वही रचना मंच से इन शब्दों में प्रस्तुत कर दी–

'मॉरिशस की गलियों से'

मॉरिशस की गलियों से
गूँज रहा यह नारा,

भारत से बाहर है
एक और भारत न्यारा। 1।
सत्रों की थी गहमागहमी
था हर दिन नया सबेरा,
हिन्दी की बदौलत यहाँ पे
लगा नौ दिन का डेरा। 2।
अन्तरराष्ट्रीय संगोष्ठी के मूल में
संवादों का सिलसिला पक्का,
दुनिया की दूरियाँ कम हों
बजे मानवता का डंका। 3।
भ्रमण किया चारों ओर
साहित्य, सागर देखे खूब,
हर डगर की राह अनोखी
दोस्ताना में गये डूब। 4।
देखना था देश नया, सो चाहा
सायक्लॉन का विलय हो,
साम्प्रदायिकता आये ख़तरे में
मनुष्यता की जय हो। 5।
अभिमन्यु अनत यहाँ के प्रेमचन्द
हैं दूसरे दुष्यन्त कुमार हेमराज सुन्दर,
कमलेश्वर के अनोखे अन्दाज़ में
यहाँ दिखते हैं रामदेव धुरन्धर। 6।
अजामिल माताबदल यहाँ के महावीर प्रसाद
हैं प्रति यशपाल राज हीरामण
शुक्ल और सांकृत्यायन की अदा में
विराजमान यहाँ प्रह्लाद रामशरण। 7।
लौटने को अपनी मिट्टी में
बना बेताब अब समूह सारा,
चाहे दुनिया हो जन्नत जैसी
आखिर हिन्दुस्तान सब से प्यारा। 8।

कुछ उत्साही साथियों ने तालियाँ जरूर बजायीं। उनकी दाद देखकर दिल और दिमाग़ की तन्दुरुस्ती भी बढ़ गयी। लेकिन घड़ी

की सूई तेज़ी से आगे बढ़ रही थी, एक-एक वक्ता की अनेक-अनेक बातें हनुमान की पूँछ की तरह रुकने का नाम नहीं ले रही थीं और बढ़ते जा रहे समय और समारोह के साथ आज मॉरिशस देखने की अभिलाषा मन में सँजोये हुए दर्शनार्थियों के दिल की धड़कन भी बढ़ती जा रही थी।

हम लोग हैं कहाँ–गाँव, जंगल, कसबा या शहर में?

...और इस प्रकार भाव, विभाव, अनुभाव और प्रभावपूर्ण रूप से समापन समारोह सम्पन्न हुआ था। दिन के बारह बज चुके थे। भारतीय समूह के सभी साथियों को लेकर बस मॉरिशस भ्रमण के लिए सेंट जुलिया गाँव से होते हुए आगे मशहूर सागर किनारे की ओर दौड़ रही थी। बस का इन्तज़ाम मॉरिशस के 'बॉम्बे चाट' होटल के मालिक महेश ने करवाया था, जो स्वयं साथ में था। दोपहर के भोजन के पॉकेट और पानी की बोतलों के बक्से की व्यवस्था भी उसी ने की थी। अब केवल हरियाली, ठंडी हवा, हरे-भरे खेत, बीच-बीच में बारिश और गाड़ी की रफ़्तार। खिड़की से बाहर झाँकना आँखों के लिए कितना सुखद था, उसे किन शब्दों में कहें?

इस बीच डॉ. प्रदीप कुमार को फ़ोन आया कि रास्ते में मॉरिशस के महत्त्वपूर्ण लेखक रामदेव धुरन्धर का मकान है। वे स्वयं बोल रहे हैं कि 'सब के सब जलपान और चाय-नाश्ते के लिए सादर आमंत्रित हैं। थोड़ी देर के लिए क्यों न हो, अवश्य आइए।' प्रदीप कुमार ने तुरन्त 'हाँ' कह दिया किन्तु महेश ने उन्हें दूरियों

से अवगत कराया कि वह अन्तर पच्चीस किलोमीटर से कम नहीं है। ...और अगर हम चले जायेंगे धुरन्धर जी के यहाँ तो आगे का सारा नियोजन गड़बड़ हो जायेगा। तब धुरन्धर जी के यहाँ जाने का विचार छोड़ना पड़ा।

सेंट जालिया गाँव से आगे अनेक गाँवों को पार करते हुए बस तेज़ी से आगे बढ़ रही थी। सड़कें इतनी सुन्दर थीं कि देखकर यकीन नहीं होता था कि गाँवों की सड़कें भी ऐसी हो सकती हैं? ताज्जुब तो यह जानकर और देखकर हुआ कि मॉरिशस के इन गाँवों में कहीं कोई झोंपड़ी नहीं। चारों ओर गन्ने की खेती, हरियाली और बारिश ही बारिश। आगे पहला शॉपिंग मॉल—फ्लैक शॉपिंग मॉल, उसके बाद ज़िला न्यायालय और फिर बेलमार बीच (Bellemare Beach)। मॉरिशस का यह सबसे बड़ा सागर किनारा माना जाता है। दूर-दराज तक फैला हुआ सागर, जितना और जिधर देखें, विशाल ही विशाल सागर।

महेश से यहाँ की भाषा की विशेषता मालूम हुई। 'फ्रेंच' बोलनेवाले यहाँ पर्याप्त हैं। अंग्रेजी से भी ज़्यादा। 'फ्रेंच' में प्रायः अन्तिम ध्वनि का उच्चारण नहीं होता, इसलिए इसे 'बेलमा' बीच कहा जाता है। जो लोग अन्तिम ध्वनि का उच्चारण करते हैं—जैसे 'Bellemare, Bons' के लिए 'बेलमा, बॉन' आदि के बदले 'बेलमार बोन्स' आदि बोलते हैं, उन्हें भारतीय या पाकिस्तानी समझा जाता है। उच्चारण सुनकर बोलनेवाले की राष्ट्रीयता का पता चलना बड़ा रोचक विषय लगा। हम जिस शहर में रुके थे उसे भी यहाँ के फ्रेंच बोलनेवाले 'काते बाँ' (बोलते हैं, जब कि भारतीय वंश के लोग उसे कटर बॉन (Quatre Bane) कहा करते हैं। मॉरिशस की राजधानी को वे 'फोर्ट लुई' (Fort Louis) कहते हैं जबकि भारतीय उसे 'फोर्ट लुईस' कहते हैं। कहा जाता था कि 'कोस कोस पर पानी बदले बीस कोस पर बानी' किन्तु अब बानी ही नहीं, उच्चारण भी बदल रहा है। अतः अब 'बानी' की जगह 'उच्चारण' को रखना होगा।

बेलमार बीच के पश्चात् हम टारटो ड्यूस बीच चले आये। इस बीच की विशेषता कुछ अलग थी। यहाँ पूरा पथरीला बीच था। यहाँ के पेड़ एक ही किस्म के और ऊँचे-ऊँचे हरे-भरे थे। यहाँ का सागर भी बहुत भव्य था किन्तु इसके बीच में और किनारे पर भी बड़े-बड़े

पत्थर थे। ऊपर उठती ऊँची-ऊँची और झागदार लहरें सब का ध्यान आकर्षित किया करती थीं। कैमरा और मोबाइल से सब ने यहाँ खूब फ़ोटो खींचे। ग्रुप फोटो, सब के साथ, अपने मित्रों-खास मित्रों के साथ और स्वतन्त्र रूप से अकेले के भी। फ़ोटो ही फ़ोटो। यहाँ का 'फ़ोटो सेशन' ही यादगार कहना होगा। बीच-बीच में अधनंगे अंग्रेजी स्त्री-पुरुष भी ध्यानाकर्षण किया करते थे। ब्रा और निकर पहनी हुई अधनंगी अंग्रेजी औरतें भी सागर के किनारे-किनारे से दूर-दूर तक किसी चीज़ को खोजती हुई के अन्दाज़ में निगाहें रेत की ओर लगाकर जाती हुई दिखाई देती थीं। इनमें से कुछ औरतें पर्यटकों के साथ बातें किया करतीं और फ़ोटो के लिए भी खड़ी रहतीं। किन्तु इनसे भारतीय महिलाएँ उतनी सहज होकर बातें करती हुई नहीं दिखाई दीं।

मॉरिशस के इस सागर किनारे ने गोवा के बीचों का स्मरण दिलाया। अन्तर यह था कि यहाँ का अनुशासन भी स्वयंपूर्ण या आन्तरिक था। यहाँ न कोई प्लास्टिक बोतल पड़ी हुई दिखाई दी और न कोई कूड़ा-कचरा। यहाँ तक कि खाली प्लेट या चाय की प्याली भी नहीं। हमने खाना भी यहीं पर खाया। महेश खाने के पैकेट के साथ पानी की बोतल भी लाया था। साथ ही एक बड़ी-सी प्लास्टिक की थैली भी। खाना खाने के बाद सब को उसमें अपनी खाली प्लेट, पानी की खाली बोतल और पेपर नैपकीन भी डालना था। सूचना दी थी कि इधर-उधर कोई चीज़ न फेंकें। यदि कोई बस ऐसी थैली साथ में नहीं रखेगी तो 'फाइन' बसवाले को होगा, पर्यटकों को नहीं। इतने सागर किनारे देखने पर यह स्वीकारने में कोई संकोच नहीं होता कि मॉरिशस जितने स्वच्छ सागर तट, बीच अपने देश गें नटीं हैं।

प्राकृतिक सुन्दरता का दर्शन आज के दिन का उपहार था। झागदार पानी, ऊँची लहरें, खूबसूरत किनारे, तटवर्तीय हरियाली के एक से एक नजारे। यह कुदरत की देन है मॉरिशस के लिए, मानव समाज के लिए और पूरे विश्व के लिए। आज इतने सुन्दर-सुन्दर बीच देखे कि आँखों के लिए पर्व था और हमें अनुभूति एवं अवसर पर गर्व था। यहाँ से ग्रँट पोर् बीच से होते हुए आगे मेहबर्ग वाटर फ्रंट (Mehebourg water Front Point) जैसे खूबसूरत स्थान

पर पहुँच गये। यहाँ का सागर किनारा भी अत्यन्त मोहक एवं आकर्षक था। सागर के भीतर करीब एक किलोमीटर की दूरी पर एक टीला था, जहाँ पेड़-पौधे, हरियाली और कुछ ऊँची इमारतें थीं। यह स्थान भारत के महाराष्ट्र में स्थित सिन्धुदुर्ग की याद दिलाता रहा। पता लगाने पर मालूम पड़ा कि वहाँ कोई शासकीय उच्चपदस्थ अधिकारीगण रहा करते हैं। यहाँ का सारा सागर किनारा पाषाण-पत्थर से बड़ी और लम्बी-चौड़ी दीवार का बनाया हुआ था। कुछ जगह सीढ़ियाँ भी थीं। फ़ुटपाथ जैसा पत्थर का बनाया चौड़ा घेरा दूर-दूर तक चक्रायित फैला हुआ था। यहाँ के आकर्षण का एक और केन्द्र था पत्थर का बना काफ़ी ऊँचा स्तम्भ। उस पर कुछ अक्षर भी खुदवाये थे किन्तु वे न अंग्रेजी में थे और न हिन्दी में। वे फ्रेंच में होने के कारण पढ़ पाना सम्भव नहीं हुआ। यहाँ पर भी सब ने खूब फ़ोटो खींचे। डॉ. बाबू जोसेफ़ और डॉ. विजय कुमार 'सन्देश' के साथ कुछ ज्यादा ही फ़ोटो खींचे।

यहाँ की चौड़ी दीवार पर एक वृद्ध व्यक्ति बैठा हुआ था जो बोलता कुछ नहीं था किन्तु हमारी बातें ध्यान से सुन और हमें देख रहा था। उम्र सत्तर से कम नहीं होगी। जब पास जाकर पूछा तो उन्होंने कहा, "मैं यहीं का अवकाश प्राप्त नागरिक हूँ। क्या आप सब भारत से आये हैं? मेरे पूर्वज भी भारतीय थे। बरसों पहले मॉरिशस में आकर बसे। अब हम लोग यहीं के हो गये हैं। लेकिन हमारे परिवार भारतीय तीज-त्योहार मनाते हैं। आज मकर संक्रान्त है, इसलिए अब घर चलते हैं, आप सब को मंगल कामना।" कहते हुए वह बुजुर्ग धीरे-धीरे चल दिया। लेकिन याद दिलाकर कि आज मकर संक्रान्त है। तब तुरन्त मोबाइल उठाकर अपने परिवारवालों से फोन पर बात की, शुभकामनाएँ दीं और लीं भी। धूप तेज़ थी। देखा तो मॉरिशस की घड़ी साढ़े चार बजे का समय दिखा रही थी। किन्तु भारत में छह बजे होंगे और सूर्यास्त होकर अन्धेरा फैलने का अहसास हुआ। सारा दिन बीता और अब 'मकर संक्रान्त' के दिवस की शुभकामनाएँ देना याद आया। वह भी यहाँ के उस वृद्ध व्यक्ति से हुई बातचीत के कारण।

जब यहाँ से चल पड़े तब रास्ते में थे पक्के रंग-बिरंगे मकान, बस्तियाँ, सुन्दर-सुन्दर घनी हरियाली, ऊँचे पेड़, साफ़-सुथरी, सफेद रंग की पट्टी खिंची हुई डामर की काली सड़क—सब कुछ अनोखा,

आकर्षक, अनुपम एवं अद्‌भुत। यह सब देखकर, विशेषतः यहाँ के मकानों को देखकर पता नहीं चलता था कि यह गाँव है कि शहर? गाँव कहें तो सड़कें पक्की, शानदार, मकान भी सुन्दर-सुन्दर और शहर कहें तो भीड़-भाड़ बिल्कुल नहीं। न यातायात का कोलाहल और न कोई गहमागहमी। इतना 'पीसफुल' कि पता लगाना मुश्किल कि हम लोग हैं कहाँ—गाँव, जंगल, कसबा या शहर में?

हम काले हैं तो क्या हुआ...?

अब महेश ने बस के रुकते ही कहा कि "यहाँ सब लोग उतरिए, हमारे पास एक घंटा है, यहीं बितायेंगे क्योंकि इतनी जल्दी 'एयरपोर्ट' पर जाने का कोई मतलब नहीं, यहाँ से केवल 15-20 मिनट का रास्ता है। तब तक होटेल गोल्ड क्रेस्ट की ओर गये हुए दो व्यक्ति दूसरी गाड़ी से सब का सामान ले आयेंगे।" ...और नीचे उतरने पर देखा कि एक और बेहतरीन बीच। सब कुछ मोहक। जिधर देखें, बादाम के पेड़। घने पेड़। नीचे गिरे हुए और चारों ओर फैले हुए बादाम ही बादाम। बड़े-बड़े, लाल-लाल और लुभावने। चाहे जितने ले लो, खा लो, बटोर लो। लगा कि इसे बादाम बीच नाम देना चाहिए। सामने फैला हुआ सागर, ऊँची-ऊँची लहरों का गर्जन, बायीं ओर खूबसूरत रिसार्ट तो दायीं ओर नहाते हुए पर्यटक। जवान, बच्चे और बूढ़े भी। बीच-बीच में अधखुले बदनवाले नाममात्र वस्त्रधारी अंग्रेजी स्त्री-पुरुष भी। वे भारतीयों का ध्यान आकर्षित न करें तो ही आश्चर्य। दाहिनी ओर थोड़ी ही दूरी पर बोटिंग करने की और ऑक्सिजन किट लेकर सागर के भीतर तल/तह तक की सैर करने की सुविधा भी उपलब्ध। उसके थोड़े से उस पार निगाहें डालने पर गजब की घनी हरियाली।

विश्वास करना मुश्किल कि हम दीदार/दृश्य से रू-ब-रू हैं या कोई सिनेमा देख रहे हैं?

...और इन सबके बीच दाहिनी ओर दस-बारह युवाओं-प्रौढ़ों का एक समूह। गोलाकार बैठा हुआ, बीच में फैले कोल्डड्रिंक्स, स्नॉक्स और ढोलक के ताल पर सब का एक साथ गीत गाना। डॉ. अनिल और प्रवीण ने हमें भी स्नॉक का एक-एक पॉकेट दिया। खाते-खाते गीत सुनने के लिए पास में जाकर खड़े रहे। साथ में डॉ. राजेश श्रीवास्तव (भोपाल) भी थे। हम दोनों को देखकर ढोलक बजानेवाले युवक ने अपनी और अपने साथी की लोहे की छोटी-छोटी दो कुर्सियाँ हमारी ओर सरका दीं और बैठने का आग्रह किया। पहले संकोच हो रहा था, लगा था कि यह शराब के साथ जश्न मना रहे हैं लेकिन गौर करने पर पता चला कि ऐसा कुछ नहीं है। ये सब क्रियोल के लोग गीत गा रहे थे। हमारी आपसी बात सुनकर एक युवक ने पूछा कि क्या आप भारत से आये हैं? 'हाँ' कहने पर अगला सवाल किया था कि 'क्या आप हिन्दी गाना गायेंगे?' अब तक हम कुर्सी में बैठ गये थे और यह कहने पर कि 'हम गायेंगे नहीं, हिन्दी गीत आपसे सुनेंगे' उन्होंने तुरन्त ढोलक के ताल पर गीत शुरू किया—

"हम काले हैं तो क्या हुआ
दिलवाले हैं
हम काले हैं तो क्या हुआ
दिलवाले हैं
हम तेरे तेरे तेरे चाहनेवाले हैं
हम काले हैं तो क्या हुआ ऽऽऽ"

ढोलक के ताल और सामूहिक सूर में झूमते हुए उनका गाना आकर्षक तो लगा ही किन्तु उससे भी ज़्यादा सार्थक लगा। इसलिए कि गानेवाले सभी कृष्णवर्णीय थे और जो गीत मनोयोग से और तहेदिल से गा रहे थे, वह अत्यन्त समयोचित, स्थानोचित एवं प्रसंगोचित प्रतीत हो रहा था। फिर वे हिन्दी के कई गीतों के मुखड़े भी गाते रहे। बीच-बीच में रुकते और हम दोनों को भी गाने का आग्रह करते रहे। हमारे मना करने पर खुद गाते रहे, ताल, सूर और ढोलक की धुन के साथ—

"मस्ती भरी रात है
हो सोनी कुड़ियों का भी साथ है

हो जीने का ले ले मज़ा
हो डरने की क्या बात है
ना ना ना ना ना रैऽऽऽ ना रे ऽऽऽ नाना
ना ना ना ना ना रैऽऽऽ ना रे ऽऽऽ नाना।
हो सड्डे नाल रहोगे तो ऐश करोगे
ज़िन्दगी दे सारे मज़े कैश करोगे
सड्डे नाल, है सड्डे नाल, है सड्डे नाल, है सड्डे नाल
. . . .
ना ना ना ना ना रैऽऽऽ ना रे ऽऽऽ नाना।'"

फिल्म 'मृत्युदाता' के इस गीत के बाद अगला गाना आरम्भ हुआ–

रंग बरसे ऽऽऽऽऽ
रंग बरसे भीगी चुनरवाली रंग बरसे ऽऽऽ

एक गाना खत्म होते ही तुरन्त अगला शुरू–

खैय के पान बनारस वाला ऽऽऽ
हो ऽऽ खैय के पान बनारस वाला ऽऽऽ
खुल जाये बन्द अकल का ताला
हो ऽऽऽ खैय के पान बनारस वाला
छोरा गंगा किनारे वाला ऽऽऽ

मॉरिशसीय युवक गाते जा रहे थे और हम सुनते जा रहे थे। लगा कि इनसे कुछ बातचीत करनी चाहिए, कुछ पता लगाना चाहिए। गाना ख़त्म होते ही दूसरा शुरू होने से पहले ढोलक बजानेवाले युवक से पूछ ही डाला–

"क्या आप यहाँ हर दिन आते हैं?"

"नहीं"

"फिर सप्ताह में एकाध बार?"

"नहीं नहीं"

"छुट्टी के दिन? वीकएण्ड में?"

"नहीं साब, हम साल में एक बार आते हैं, आज ही के दिन। देखो आज मकर संक्रान्त है। हम सिर्फ़ इसी दिन यहाँ आकर शाम तक खुशियाँ मनाते हैं। खाते, पीते, गाते हुए। अब शाम होते ही थोड़ी

देर में निकल जायेंगे।”

“कौन सी भाषा के गीत गाते हैं?”

“क्रियोल के लोकगीत, हिन्दी गीत और अंग्रेजी के भी। आप तो भारतीय हैं। आपके यहाँ तो मकर संक्रान्त का उत्सव मनाते हैं! साब! गाओ न कोई गीत।”

“नहीं भाई, गाने का अभ्यास नहीं रहा, हम गा नहीं सकते।”

संवाद का यह सिलसिला प्रवीण की पुकार ने खंडित किया–

“सर चलिए ऽऽऽ सब लोग बस में जा बैठे हैं। अब एअर पोर्ट चलना है।”

प्रवीण की आवाज़ सुनते ही मुड़कर देखा, कोई नहीं दिखाई पड़ा। सभी साथी बस में जाकर बैठे थे। हम दोनों तुरन्त कुर्सी से उठकर बाय, बाय करते हुए चलने लगे। ढोलक वादक ने हाथ पकड़ लिया, ‘सेक हैण्ड’ के अन्दाज़ में। उसके हाथ का स्पर्श मानो कह रहा हो, ‘साब! और थोड़ी देर रुकिये ना।’ लेकिन निकलना तो था ही। सागर के इस बीच से ही नहीं, मॉरिशस देश से भी। अपने वतन, अपने लोग और अपनी धरती की ओर। लेकिन लगा कि क्या यहाँ की धरती, यहाँ के लोग पराये हैं? चन्द मिनटों का इनके साथ बिताया समय और इनसे मिला अपनापन क्या कोई मायने नहीं रखता? हम दोनों के क़दम तेज़ चल रहे थे, मन में चिन्तन चल रहा था और पीछे मुड़कर बार-बार देखने की अभिलाषा हो रही थी। जब मुड़कर देखा तब ढोलक के ताल पर सबको एक साथ गाते हुए सुना–

“पर देशी पर देशी
जाना नहीं ऽऽऽ
मुझे छोड़कर मुझे छोड़कर
पर देशी मेरे यारा ऽऽऽ
वादा निभाना, हमें याद रखना
कहीं भूल ना जाना ऽऽऽ
पर देशी पर देशी
जाना नहीं ऽऽऽ”

बाय-बाय के अन्दाज़ में सबके हिलते हुए हाथ, गीत और संगीत का साथ, दिलो-दिमाग़ में सँजोई चन्द मिनटों की बात। बस की ओर बढ़ते तेज़ क़दम, मुड़-मुड़कर देखती आँखें, बस की सीढ़ियाँ चढ़कर

आसनस्थ होना, अपने साथियों के बीच और आँखों से धीरे-धीरे ओझल होता बादामी 'बीच'।

अब बस तेज़ रफ़्तार से आगे बढ़ रही थी। सड़क साफ-सुथरी और दोनों ओर से हरियाली से घिरी थी। संवेदनशील व्यक्ति की तरह कभी सीधी तो कभी चक्रायित होते हुए हमारी बस आगे बढ़ती जा रही थी और मॉरिशस का 'मेगा सेमिनार' पीछे छूटता। चन्द मिनटों और घंटों के बाद यह यात्रा अतीत बननेवाली थी। यात्रा कभी हमेशा वर्तमान बनकर नहीं रह सकती। उसे कभी-न-कभी इतिहास बन जाना पड़ता है। यात्रा को इतिहास बनने से रोकना हमारे बस का नहीं होता। हाँ, उसे शब्दों में साकार कर सदा-सदा के लिए जीवित रखना ज़रूर सम्भव हो सकता है। फिर भले ही वह इतिहास बने या अतीत, शब्दांकित उसके गोदाम को हमेशा के लिए हम वर्तमान की पूँजी का रूप प्रदान कर सकते हैं, जिसे जब ज़रूरी हो, पा सके। संकट के समय, आपात्काल के समय हमारे भरे हुए गोदाम ही तो काम आते हैं। वर्तमानकालीन और भविष्यकालीन भय और मुसीबत से बचाव के लिए ऐसे गोदामों का निर्माण करना होगा। यात्रा-वृत्तान्त ही वह गोदाम है।

उसे जिसकी तलाश थी, मिल गया किन्तु यह 'यंग मैन' महेश है क्या चीज़?

...और अब सामने था मॉरिशस का एअरपोर्ट। बड़े-बड़े अक्षरों में लिखा था 'शिवसागर रामगुलाम इंटरनेशनल एअरपोर्ट, मॉरिशस'। बाहर और भीतर से बहुत भव्य तो नहीं किन्तु सुन्दर, आकर्षक और चुस्त-दुरुस्त। बस मॉरिशस घड़ी के अनुसार ठीक छह बजे पहुँच गयी थी। सभी साथी नीचे उतर गये। अब प्रतीक्षा थी सब को अपने-अपने बैग और सामान की। इसकी ज़िम्मेदारी मॉरिशस के होटल 'बॉम्बे चाट' के युवा मालिक महेश ने ली थी। वह स्वयं हमारे साथ ही था। उसने अपने दो व्यक्तियों पर इसकी ज़िम्मेदारी सौंपी थी। महेश ने उन्हें फ़ोन कर पता भी लगाया तब मालूम पड़ा कि होटल 'गोल्ड क्रेस्ट' से सामान नीचे उतार कर वैन में चढ़ाया जा रहा है। आधा घंटा और लगेगा यहाँ पहुँचने में। कुछ लोग सामनेवाले बड़े गेट के पैसेज में डाली कुर्सियों में बैठे रहे, कुछ लोग आपस में बातें करते रहे और कुछ जमकर फ़ोटो खींचते रहे।

इस बीच मॉरिशस के महेश ने अपने होटल के ई-मेल ऐड्रेस का पैम्फलेट दे दिया और कहा कि "चव्हाण साब, अपना विजिटिंग कार्ड दीजिए ना!" उसे जेब से निकालकर अपना कार्ड दे दिया। उसने उसे

ध्यान से पढ़ा। पढ़ने के बाद पूछा–

"साब, आप महाराष्ट्र के कोल्हापुर में रहते हैं?"

"जी"

"तब मराठी जानते होंगे?"

"होय, चांगली, नव्हे छान छान"

"काय राव? इतक्या दिवसात, कधीच तुम्ही मराठी बोलताना दिसला नाहीत।"

"तसं नाही महेश!"

"पण मला वाटलं नाही तुम्हाला मराठी येत असेल?"

"कसे वाटेल?"

"...आणि तुमची हिन्दी ऐकून तरी तसं जाणवलं नाही।"

"पण बोलायचं कुणाशी महेश?"

"ते जाउ द्या, तुमचं ते कोल्हापुरी चिकन, मटन, ...आणि तो तांबडा-पांढरा रस्सा, अई गं ऽऽऽ सर अजून ते सगळं तसंच मिळतयं?"

"होय महेश, खाल्लय कधी? आला होता कोल्हापूरला?"

"मी मुम्बईहून कोल्हापूरला आलेलो सर! बाप रे ऽऽऽ तुमचा तो तांबडा-पांढरा रस्सा ऽऽऽ नाद करायचा नाय।"

अब महेश इतने खुश-मिज़ाज में बात कर रहा था कि उसे उछलते हुए देखकर लग रहा था 'उसे जिसकी तलाश थी, मिल गया।' उसने अन्य साथियों से भी बताया कि कोल्हापुरी नॉनवेज कितना बढ़िया रहता है, क्या उसकी खासियत है आदि। उसके मुँह से अर्से के बाद मराठी सुनकर और खासकर कोल्हापुरी मराठी के मुहावरे–'नाद करायचा नाय', 'नाद खुळा', 'कोल्हापुरी लय भारी' आदि सुनकर बड़ा मज़ा आया। लेकिन ताज्जुब हुआ कि यह 'यंग मैन' महेश है क्या चीज़? जो बढ़िया अंग्रेज़ी और फ्रेंच बोलता है और उसी अन्दाज़ में हिन्दी तो अच्छी है ही उसकी किन्तु मराठी भी शानदार बोलता है।

जब जानना चाहा तब उसकी पूरी कहानी मालूम हुई। "साब मैं मॉरिशस का नागरिक हूँ। मेरी पत्नी यहीं की है। यहाँ का होटल 'बॉम्बे चाट' मेरा है। मॉरिशस में और दो जगह मेरे होटल हैं। कुल तीन होटल हैं मेरे। लेकिन मैं मूलतः भारतीय हूँ।" उसका 'मैं मूलतः भारतीय हूँ' कहना जिस अन्दाज़ से उसने सुनाया था उसे सुनकर लगा कि इस बात पर उसे गर्व है। जानकर अच्छा लगा और अधिक जानने

की जिज्ञासा बढ़ गयी। वह बोले जा रहा था—"मैं 1989 से यहाँ हूँ। रहनेवाला मैं मुम्बई का हूँ। एम.बी.ए. की पढ़ाई मुम्बई में ही एक कॉलेज में पूरी की। क्रिकेट खेलता था।" जब बीच में ही उसे पूछा कि 'बल्लेबाज' थे कि 'गेंदबाज' तब उसने कहा 'मैं ऑलराउंडर था'। महेश की कहानी चकित करनेवाली है। अभी तक हमारा 'लगेज' लाने के लिए भेजी हुई गाड़ी नहीं आयी थी। उसकी प्रतीक्षा सब को थी। बोर्डिंग पास बनवाना, चैकिंग करना, सामान भेजना—सब बाकी था। फ्लाइट दो घंटे बाद थी। 'शिवसागर रामगुलाम इंटरनेशनल एअरपोर्ट' में लोगों का आवागमन, भारत के मुम्बई, दिल्ली की तुलना में बहुत कम किन्तु भागदौड़ तो थी ही। मेरे भारतीय साथियों को अपने सामान के आने की प्रतीक्षा थी, लेकिन मुझे नहीं। क्योंकि भूतकालीन भारतीय और वर्तमानकालीन मॉरिशस का ज़िन्दादिल व्यक्तित्व सामने था—महेश के रूप में।

मेरी जिज्ञासा को देखते हुए वह भी बोलता रहा—"साब! पढ़ाई पूरी होने के बाद मैं इंडिया छोड़ मॉरिशस आया। 1989 में यहाँ आकर अपना व्यवसाय शुरू करना चाहा। साथ ही यहाँ मैं क्रिकेट भी खेलता था। इस प्रदेश के क्रिकेट का अध्यक्ष भी हूँ। शुरू में होटल में मैनेजर की नौकरी, फिर अपना छोटा-सा होटल। उसी में पूरा समय और परिश्रम। होटल का बिजनेस बढ़ता गया। आज मैं तीन होटल का मालिक हूँ। मेरी पत्नी मुझे व्यवसाय में मदद करती है। अपनी मदद के लिए मैं कॉलेज के छात्रों को 'पार्ट टाइम' नौकर रखता हूँ। उन्हें आठ हज़ार मासिक वेतन देते हैं। नौकरी करते-करते वे अपनी कॉलेज की पढ़ाई भी पूरी करते हैं। ये छात्र बाहर के देश से यहाँ आये हुए होते हैं। उनके रहने और खाने की व्यवस्था होने पर उनकी पढ़ाई भी हो जाती है। मैं भारत और पाकिस्तान के छात्रों को इस काम के लिए रखता हूँ।" "उन्हें ही क्यों?" बीच में ही पूछने पर महेश कहता है—"क्योंकि ये मेहनत करते हैं, काम करते हैं। पढ़ाई भी करते हैं, फिर वापस जाते हैं अपने देश। मैं लगभग हर साल मुम्बई आता हूँ। दो-तीन नौकर खोजकर यहाँ लाता हूँ। उनको जॉब मिलता है, मेरा भी काम होता है। सर! अगली बार जब मॉरिशस आप आयेंगे तो मुझे मिलना ज़रूर। आपको फिर घुमायेंगे, अपने घर ले जायेंगे...।"

इतने में सामान की गाड़ी आकर रुक गयी। महेश के दो साथी

नीचे उतर गये। उन्होंने एक-एक बैग नीचे उतारना और गिनना शुरू किया। हर कोई अपने बैग को देखता और देखते ही उठा लेता। सारा सामान आ गया। सब के पास अपने-अपने बैग थे। अब एअर पोर्ट के अन्दर बोर्डिंग पास के काउंटर की ओर बढ़ने लगे थे। पीछे मुड़कर देखा तो पाया महेश अपने दो साथियों के साथ खड़ा था—सब की ओर अपनापे से देखता, हाथ उठाता हुआ, हिलाता हुआ—बाय-बाय के अन्दाज़ में।

सर! वेज या नॉनवेज?

...और अब बोर्डिंग पास काउंटर पर बैठी युवा मैडम के सामने खड़े थे डॉ. अनिल सिंह। कह रहे थे "नहीं मैडम! अब हमारे पास इस बक्से के पैकिंग के लिए बिल्कुल पैसे नहीं हैं।" तब क़तार में खड़े हम सब देखने लगे। अनिल जी ने भी हमें इशारे से कहा। आखिर मैडम मान गयी। बक्से का जितना और जैसे पैकिंग था, उसे अन्दर लेकर लगेज बेल्ट पर रख दिया। बारी-बारी से सब के बैग लगेज बेल्ट पर चढ़ाए गये। बोर्डिंग पास बने। सुरक्षा जाँच भी हुई।

यहाँ पर एक बात का अहसास प्रखरता से हुआ कि भारत की तुलना में मॉरिशस के एअर पोर्ट की सुरक्षा व्यवस्था उतनी कड़ी नहीं है। इसका श्रेय भी यहाँ के शान्तिपूर्ण माहौल को जाता है। यहाँ न लड़ाई-झगड़े करनेवाले दिखाई देते हैं और न आतंकवादी। सामाजिक और राजनीतिक क्षेत्र में आपसी बैर-भाव का अभाव और शान्ति एवं सद्भाव के प्रभाव स्वरूप लगता है यहाँ की सुरक्षा व्यवस्था उतनी सख्त नहीं जितनी भारत में मिलेगी।

विश्व हिन्दी सचिवालय, मॉरिशस में दि. 10 जनवरी, 2015 को आयोजित 'विश्व हिन्दी दिवस' समारोह में मॉरिशस गणराज्य के

राष्ट्रपति महामहिम श्री राजकेश्वर प्रयाग भी मौजूद थे। लेकिन उनकी सुरक्षा व्यवस्था के लिए सिर्फ़ दो पुलिस अफ़सर वर्दी में अपनी बाइक के साथ विश्व हिन्दी सचिवालय के सामने खड़े थे। न मंच पर भाषण करते समय उनके आस-पास बॉर्डीगार्ड दिखाई दिये और न खाना खाते समय। यह घटना ताज्जुब की ही नहीं, गजब की कहनी होगी। बिना किसी पुलिस फोर्स के विश्व हिन्दी सचिवालय के अति भव्य सभागार में देश के राष्ट्रपति, अन्य मंत्रीगण और मान्यवर अतिथियों की मौजूदगी में शान्तिपूर्ण और शानदार समारोह सम्पन्न हुआ। सुरक्षा व्यवस्था के तनाव और आतंक के बिना बड़ा भव्य आयोजन। भारत में बहुत कम जगह ऐसा दृश्य देखने को मिलेगा। कोई बड़ा आयोजन हो, मंत्रीगण हो और प्रधानमंत्री या राष्ट्रपति आये हुए हों तो सब से पहले सुरक्षा व्यवस्था पर तनाव तथा दबाव रहता है। ...और कहीं-कहीं कड़ी सुरक्षा व्यवस्था के आतंक के कारण समारोह में उपस्थित लोग भी परेशान। यानी 'परेशानी' और 'आतंक' दोनों ओर, दोनों में भी। 'रक्षक' और 'रक्षित' में भी। इसके लिए ज़िम्मेदार भले ही दोनों न हों किन्तु भुगतना दोनों को भी पड़ता है। सामाजिक स्वास्थ्य के विरोधी तत्त्वों से बने अशान्त माहौल तथा तत्सम्बन्धी कुछ घटनाओं से सबक लेकर सुरक्षा का कड़ा प्रबन्ध तो करना ही पड़ता है। लेकिन मॉरिशस का सुरक्षा सम्बन्धी अनुभव अनोखा कहना होगा।

मॉरिशसीय घड़ी में रात के साढ़े नौ बजे थे और भारतीय घड़ी के अनुसार ग्यारह। सभी साथी विमान में आसनस्थ थे। करीबन ढाई-तीन सौ यात्री होंगे। 'इकनॉमी फ्लाइट' थी। लम्बी-चौड़ी, बड़ी-सी। लेकिन सफ़र रात का था। इसलिए खिड़की से बाहर झाँकने का न कोई सवाल था, न अवसर। हाँ, एक-दूसरे से बातें ज़रूर करते थे। कल की सुबह से, जो मुम्बई में होनेवाली थी, सब अपने-अपने राज्य, अपने-अपने शहर तथा घर जाने के लिए निकल पड़नेवाले थे। यहाँ भी बैठे-बैठे कुछ साथियों ने फ़ोटो खींचना शुरू किया। समय होते ही हवाई जहाज़ ने उड़ान भरी। हवा में और ऊँचे आसमान में। परन्तु यात्रा का वह सुख नहीं मिलनेवाला था जो दिन के हवाई जहाज़ की यात्रा से मिलता है। आसमान से नीचे धरती के शृंगार—ऊँची-ऊँची इमारतें, नदियाँ, झाड़ियाँ, बड़े-बड़े पहाड़ और सागर। ये सब बड़ी-बड़ी चीज़ें जब खूब ऊँचाई से देखने पर छोटी-छोटी दिखती हैं तब मजा आता है। तिली

की डिब्बी जैसी बिल्डिंगें, सागर को देखे तो तालाब जैसा, तालाब को देखे तो झील जैसा और झील को देखे तो छोटे-से गड्ढे जैसा, चींटी जैसी दौड़ती गाड़ियाँ और चींटियों जैसे लोग—इधर से उधर उनका आवागमन, सब कुछ अजीबोगरीब। लेकिन आज की यात्रा में यह सब देखने को नहीं मिलनेवाला था।

इस बीच पास में बैठे अपने साथी शीतलाप्रसाद जी ने कहा—"अर्जुन जी, कल मेरी छुट्टी नहीं है। कॉलेज जाना होगा, अपनी ड्यूटी पर। आपका कैसा है?"

"सर! वेज या नॉनवेज ?" इस कथन ने हमारी बातचीत रोक दी। देखा तो सामने खाने की ट्रॉली के साथ दो सेवक खड़े थे। एक युवक और एक युवती। बातों का सिलसिला खंडित हुआ और सामने 'वेज डिश' मौजूद। बीच-बीच में चाय-कॉफ़ी, जलपान और ज्यूस भी। सब कुछ ठीक-ठाक और कॉम्प्लिमेंटरी। खाने के बाद नींद कब आयी पता नहीं चला। जब पिछली सीट के पास से हल्का-सा कोलाहल सुना तब नींद टूट गयी। पीछे मुड़कर देखा तो पता चला तिरुपति विश्वविद्यालय के डॉ. नारायण को कुछ चक्कर-सा आने लगा है।

डॉ. नारायण के सामने खड़े हुए दो-तीन कर्मचारी पूछताछ कर रहे हैं। ख़ामोश और हल्की-सी घबराहट से भरे चेहरे के साथ डॉ. नारायण अपनी उँगली सर के पास घुमाते हुए इशारे से बता रहे हैं कि 'उनको चक्कर आ रहा है।' थोड़ी देर बाद उन्हें उठाकर पीछे ले जाया गया। वहाँ की केबिन में सुलाया भी। कुछ दवा-जलपान और प्रथमोपचार के बाद वे ठीक हुए। उन्हें अपने आसन पर लाया गया। विमान अपनी गति से आगे बढ़ ही रहा था—भारत की ओर, मुम्बई महानगर की दिशा में और लगभग सभी यात्री गहरी नींद में।

मुड़िया पहाड़ अर्थात् किंवदन्ती का करिश्मा

हिन्दी प्रचारिणी सभा, मॉरिशस के सुरूजप्रसाद मंगर सभागार में संगोष्ठी दो बजे सम्पन्न हुई। तुरन्त खाना भी वहीं पर खिलाया गया। इन पंक्तियों के लेखक के इस वक्तव्य के परिणामस्वरूप कि 'हम मॉरिशस के प्रेमचन्द (अभिमन्यु अनत) से मिलना चाहते हैं' स्थानीय संयोजक और मॉरिशस के हिन्दी प्रचारिणी सभा के प्रधान यंतुदेव बुधु ने प्रसिद्ध लेखक अभिमन्यु अनत से सम्पर्क कर अनुमति ले ली कि भारत से आये प्रतिभागी आपसे मिलना चाहते हैं। अभिमन्यू जी ने भी तुरन्त स्वीकृति दे दी। तब यंतुदेव बुधु ने अपनी संस्था के एक सज्जन को साथ में भेज दिया। उस पर ज़िम्मेदारी सौंपी गयी कि वह अभिमन्यु अनत के गाँव ले जाये और उन्हें मिलाकर वापस लौटे। सुन्दर, साफ़-सुथरी, चक्करदार और लगभग सुनसान किन्तु चारों ओर हरियाली से घिरी सड़क से हमारी बस आगे बढ़ रही थी। पहाड़ को तराशकर बनाई चक्करदार सड़क भी अधिक चौड़ी और आकर्षक लग रही थी। इसके दोनों ओर पहाड़ थे।

दाहिनी ओर करीब एक किलोमिटर की दूरी पर स्थित पहाड़ ने सब का ध्यान खींचा। यह वही पहाड़ था जो सबसे ऊँचा और

आकर्षक था। उसकी चोटी को देखने पर लगता था वहाँ किसी आदमी का गर्दन से ऊपर का सिर रखा है। गला, नाक, कान, बाल, आँखें—मानो हू-ब-हू आदमी की गर्दन के ऊपर का पूरा सर। पूछने पर हिन्दी प्रचारिणी सभा, मॉरिशस के साथ में आये सज्जन ने बता दिया कि इस पहाड़ का नाम है—'मुड़िया पहाड़'। इसे 'मुड़िया पहाड़' नाम क्यों मिला? हमने जिज्ञासावश जानना चाहा। तब उस सज्जन ने उसके पीछे की पूरी कहानी बताना शुरू किया—

इस पहाड़ के पास एक गाँव है। वहाँ एक ग्वाला रहता था। वह रोज दूसरे गाँव में जाकर दूध बेचता और पहाड़ के पास से वापस अपने गाँव लौटता। एक दिन वह दूध बेचकर वापस जा रहा था। रास्ते में उसे थकान महसूस हुई। तब इस पहाड़ के पास एक पेड़ के नीचे वह सो गया। गहरी नींद में सोया। जब आँखें खुलीं तो आधी रात हुई थी। घना अन्धेरा छाया था। वह रात अमावस की रात थी। अन्धेरे में कहीं जाना असम्भव था। वह ग्वाला वहीं पर छिप गया। थोड़ी देर में उसने पाया कि वहाँ पर परियाँ उतर आयी हैं। खूबसूरत परियाँ। नाचती, गाती, मद्यपान करती परियाँ, विवस्त्र परियाँ, मदहोश परियाँ। सौन्दर्य की मिसाल परियाँ। ग्वाला यह सब चुपके से देख रहा था, लेकिन इस बीच वह अपनी खाँसी को रोक नहीं सका। तब परियों को पता चला कि यहाँ कोई छिपकर उन्हें देख रहा है। पता करने पर उन्होंने पाया कि यहाँ एक युवक है। उन्होंने उसे डाँटा और उसकी पूरी पूछ-ताछ की। ग्वाले ने अपनी सारी कहानी बता दी। तब परियों ने उसे बख्श दिया। किन्तु उन्होंने उसके लिए एक शर्त भी रखी कि 'तुम हमारा नाच-गान ज़रूर देखना लेकिन यह बात किसी को नहीं बताना।' ग्वाले ने शर्त मान ली।

इस घटना के बाद हर अमावस की रात ग्वाला उस पहाड़ के पास रुकता। आधी रात होने पर परियाँ आतीं। नाच-गान करती। मद्यपान करतीं। विवस्त्र होतीं। मदहोशी में झूमती रहतीं। खूबसूरत परियों का खूबसूरत नजारा देखकर ग्वाला खुश हो जाता।

लेकिन गाँव में चर्चा होने लगी कि ग्वाला हर अमावस की रात कहाँ गायब हो जाता है? घरवाले, गाँववाले भी पूछते रहते। लेकिन ग्वाला परियों के नाच-गान की घटना किसी को नहीं बताता। गाँव के हम उम्र-जवान दोस्त भी पूछते लेकिन वह चुप रहता। किसी को

कुछ नहीं बताता। ...और एक दिन यह राज़ खुल ही गया। ग्वाले की शादी तय हुई। सारी तैयारियाँ शुरू हुईं। लड़की पास के ही गाँव की थी। रास्ता इसी पहाड़ के निकट से जाता था। घर-परिवार और गाँव में शादी तय होते ही तैयारी चल रही थी। मुहूर्त नज़दीक आ गया। शादी लड़की के यहाँ होनेवाली थी। बाराती लड़की के यहाँ जानेवाले थे। ग्वाले की शादी में उसके खास दोस्त भी शरीक होने जा रहे थे। सभी बाराती लड़की के गाँव जाने के लिए निकल पड़े। रास्ते में पहाड़ आया। उसे देखकर ग्वाले के एक दोस्त ने उसे अमावस की रात गायब होने की बात पूछी। ग्वाले ने अपने इस दोस्त को परियों के नाच-गान की ख़बर बताई। दोस्त ने उसे अजमाना चाहा। ग्वाले से उसने आग्रह किया कि आज अमावस की ही रात है। हम दोनों यहीं आधी रात तक रुकेंगे। नाच-गाना देखेंगे और कल सुबह आगे शादी के लिए निकल पड़ेंगे।

ग्वाला अपने दोस्त के आग्रह के कारण वहीं पर रुका। साथ में दोस्त भी था। समय हो जाने पर परियों का आगमन हुआ। उनका नाच-गान भी शुरू हुआ। ग्वाला और उसका दोस्त, दोनों छिपकर देखने लगे। किन्तु परियों को पता चला कि यहाँ ग्वाले के अलावा आज कोई दूसरा व्यक्ति भी है जो उन्हें चुपके से देख रहा है। उन्होंने ग्वाले से पूछा। तब उन्हें मालूम पड़ा कि उसने यह बात अपने मित्र को बता कर शर्त का पालन नहीं किया। परियों की रानी को ग़ुस्सा आया। उसने उसे तुरन्त शाप दिया कि 'तुम पहाड़ बन जाओगे।' जैसे ही शापवाणी परी रानी के मुख से बाहर निकली, ग्वाला पत्थर बन गया। इस पहाड़ की चोटी पर, मनुष्य की गर्दन से ऊपर सर के आकार का पत्थर। वह पहाड़ का हिस्सा मनुष्य की मुंडी जैसा दिखाई देता है। इसी कारण इस पहाड़ का 'मुड़िया पहाड़' नाम पड़ा।

'मुड़िया पहाड़' की यह कहानी मॉरिशस के सज्जन के मुख से सुनकर बड़ा ताज्जुब हुआ। लेकिन लगा कि भारत की तरह इस देश में भी किंवदन्तियों के लिए स्थान है। हमारे यहाँ भी कैलाश, मानसरोवर, हिमालय, शिव-पार्वती, रावण, कबीर और काशी आदि सम्बन्धी किंवदन्तियाँ लोक मानस में कम रची-बसी नहीं हैं। लोक मानस और लोक विचार का प्रचलन सदियों से समान रूप में मिलता है, देश और विदेश में भी। हम इससे इनकार नहीं कर सकते।

मॉरिशस की अदा : आदमी की तुलना में औरतें ज़्यादा

मॉरिशस को मूलतः भूगोल की दृष्टि से समृद्ध कहना होगा। इतिहास से भी उसका भूगोल अधिक आकर्षक मानना पड़ेगा। गाँवों और शहरों में बसा यह देश चारों ओर से सागर से घिरा हुआ मिलेगा। जितने सुन्दर सागर किनारे और 'बीच' यहाँ मिलते हैं, दुनिया में बहुत कम दशों के पास होंगे। हाँ, यह ज़रूर स्वीकारना होगा कि यहाँ के बहुत सारे 'बीच' भारत के गोवा की याद दिलाते हैं। लेकिन अन्तर यह कि यहाँ के सागरी किनारे गज़ब की हरियाली से भरे हुए हैं और साफ़-सुथरे भी। सागर का पानी भी इतना स्वच्छ और पारदर्शी कि तह तक की चीज़ें और अन्दर की रेत भी आसानी से दिख सके।

क्या मजाल कोई पॉलिथिन की थैली, चाय की प्लास्टिक की प्याली या 'बिसलरी वाटर' की बोतल सागर के किनारे, बीच पर या पानी में फेंक दे? एक बड़ी थैली 'टूरिस्ट बसों' में रखने की परम्परा है यहाँ पर। क़ानून हो न हो। सुनते हैं कि यदि वह न हो तो जुर्माना टूरिस्ट को नहीं, टूरिस्ट बसवालों को किया जाता है। अतः वे आदतन बड़ी थैली रखे बिना बस को बाहर बीचों की ओर ले नहीं जाते।

खाने-पीने के सारे प्लास्टिक पाकेट, प्लास्टिक प्यालियाँ, बोतलें, कप, काग़ज़ी प्लेट आदि सब को एक बड़ी थैली में डालने की लोगों में अच्छी आदत बनी है यहाँ पर। इसीलिए सागर का पानी, सारे सागर किनारे और 'बीच' साफ़-सुथरे नज़र आते हैं। आत्मानुशासन यहाँ की सबसे बड़ी खासियत कहनी होगी। स्वच्छता साफ़-सफ़ाई के बारे में यह देश दुनिया में मिसाल मानना होगा। बिना किसी सुरक्षा रक्षक, दरोगा या सफ़ाई कर्मचारी के सागरी किनारों का प्राकृतिक सौन्दर्य बरकरार रखने का सारा श्रेय यहाँ लोगों के आत्मानुशासन, यहाँ की राजनीतिक व्यवस्था और सामाजिक व्यवस्था को देना होगा और उससे अधिक उनकी दृष्टि को।

शहरों की बात करें तो पूरे मॉरिशस देश में सिर्फ़ पाँच शहर हैं। सौभाग्य से हमें इन पाँचों को देखने का अवसर मिला। इनमें से एक है फोर्ट लुईस (Fort Louis) जिसका उच्चारण मॉरिशस के लोग 'फोर्ट लुईस' न कर 'फोर्ट लुइ' किया करते हैं जो फ्रेंच भाषा के प्रभावस्वरूप है। जो लोग 'फोर्ट लुइ' न कहकर 'फोर्ट लुईस' कहते हैं उन्हें भारतीय समझा जाता है या पाकिस्तानी। यहाँ उच्चारण के आधार पर लोग अनुमान लगाते हैं कि सामनेवाला व्यक्ति किस देश का है? 'फोर्ट लुईस' शहर मॉरिशस की राजधानी है। मुस्लिम बहुल इस शहर में घनी बस्ती दिखाई देती है। क़िले के ऊपर से सारा शहर नज़र आता है। अधिकतर मकान सफेद रंग के, सड़कें साफ़-सुथरी, समतल और चक्करदार। भीड़ भी बहुत ज्यादा नहीं बल्कि औसत दर्जे की। इस शहर से एक ओर जुड़ा हुआ पहाड़ है, दूसरी ओर...क़िला और तीसरी ओर फैला हुआ खूबसूरत सागर। इस सागर में तैरते हुए और सागर के किनारे खड़े हुए अलग-अलग देशों के, विविध आकारों-प्रकारों के, रंग-बिरंगे किस्म-किस्म के जहाज़ सब का ध्यान आकर्षित करते हैं। हम सब क़िले के नीचे उतर आये और यहाँ के सागर किनारे खड़े जहाज़ों के पास जाकर खूब फ़ोटो खींचे। यहाँ पर वह सब मिलता है जो किसी भी शहर में होता है। स्टार होटल, म्यूज़ियम, मॉल और मार्केट—यह सब पास-पास में और बहुत बेहतरीन रूप में था यहाँ पर।

मॉरिशस का दूसरा महत्त्वपूर्ण शहर लगा कातेबोन (Quatre Bone) जिसे यहाँ के लोग फ्रेंच भाषा के उच्चारण के अन्दाज़ से

'काते बॉ' बोलते हैं। पता चला कि इसे 'हार्ट ऑफ़ द कंट्री' माना जाता है। इसी शहर में होटल 'गोल्ड क्रेस्ट' है जहाँ अन्तर्राष्ट्रीय संगोष्ठी के लिए आये हुए सभी भारतीय प्रतिभागियों के रहने की व्यवस्था थी। इसलिए इस शहर को हमें सब से ज़्यादा नज़दीक से देखने का अवसर मिला। शहर की गहमागहमी यहाँ पर देखी जा सकती है। लेकिन पाँच बजे यहाँ की सारी दुकानें और सारा मार्केट बन्द हो जाता था। शुरू में इसे देखकर बड़ा ताज्जुब होता लेकिन धीरे-धीरे आदत पड़ गयी। हमें मोबाइल रिचार्ज करना हो तो भी पाँच बजे के पहले करना पड़ता था। ऐसा ना कर पाने पर दूसरे दिन सुबह नौ बजे तक दुकानें खुलने का इन्तज़ार करना पड़ता था। यहाँ की सड़कें चौड़ी, समतल, गड्ढों से रहित, साफ़-सुथरी किन्तु आवागमन और भीड़ से भरी रहती थीं।

मेन रोड (मुख्य मार्ग) से अन्दर की गलियों में छोटी-छोटी, संकीर्ण सड़कें भी खूब हैं। इसके दोनों ओर बस्ती भी घनी है। अनेक गलियों में मकानों के सामने ही हिन्दू देवी-देवताओं के छोटे-छोटे मन्दिर भी दिखाई देते हैं। ईसाई, मुस्लिम और अन्य समाज के मकान भी यहाँ पर समान रूप से मिलते हैं। लेकिन यहाँ की खासियत है कि सड़क के समानान्तर 'मार्निंग वॉक' का 'ट्रॅक' भी अवश्य मिलता है। सुबह-सुबह यहाँ पर घूमनेवाले भी मिलते हैं। हाँ, इनकी तादाद बहुत ज़्यादा नहीं होती। परन्तु पुरुषों की तुलना में महिलाएँ ज़्यादा दिखाई पड़ती हैं। ट्रॅक के दोनों ओर हरी घास और बीच से चलने के लिए मिट्टी का कच्चा रास्ता। सड़क से ज़्यादा यहाँ पर चलना सुखकर और स्वास्थ्यवर्द्धक माना जाता है। किन्तु कुत्तों को लेकर घूमने के लिए आना मना होता है। रास्ते के किनारे दीवारों पर कहीं-कहीं 'होमेस' (Hommes) और 'डोमेस' (Dommes) जैसे बड़े-बड़े शब्दों में लिखी हुई सूचना भी पढ़ने को मिलती। डॉ. शीतलप्रसाद जी और हम, दोनों बाकायदा रोज़ सुबह इस 'ट्रॅक' से 'मॉर्निंग वॉक' के लिए निकल पड़ते थे। हम दोनों का ध्यान होमेस और डोमेस ये दो शब्द खींच लेते। पता नहीं था कि इसका क्या अर्थ है? इनको लेकर जिज्ञासावश हमारा संवाद भी हुआ था।

"शीतलाप्रसाद जी! क्या आप जानते हैं 'होमेस' और 'डोमेस' का मतलब क्या है?"

"अर्जुन जी! जानता तो मैं भी नहीं लेकिन लगता है 'होमेस' लेडीज़ के लिए और 'डोमेस' जेण्ट्स के लिए हो सकता है।" जिज्ञासा की तुष्टि नहीं हुई। मुझे कुछ उल्टा ही लगा। मन हुआ कि अन्दर जाकर देख लें। लेकिन जाना ख़तरे से खाली भी नहीं लगा। न कोई बाहर-भीतर आते-जाते दिखाई दे रहा था और न वहाँ स्त्री-पुरुष का कोई चित्र खींचा या चिपकाया था। लेकिन डॉ. शीतलाप्रसाद द्वारा अनुमानित अर्थ पर भी भरोसा करने को मन तैयार नहीं था। लगा कि थोड़ा रुकना चाहिए यहाँ पर। 'होमेस' जेण्ट्स के लिए होना चाहिए और 'डोमेस' लेडीज़ के लिए। थोड़ी देर बाद दाहिनी ओर से अन्दर से एक पुरुष बाहर आते दिखा जहाँ लिखा था 'Hommes' और बायीं ओर से एक महिला भीतर चली जाती हुई दिखाई दी जहाँ लिखा था 'Dommes'। तब तर्क से तथ्य की स्थापना की और हम समझ गये कि 'होमेस' माने पुरुषों का प्रसाधनगृह और 'डोमेस' माने महिलाओं का।

कातेबोन एक ऐसा शहर है जहाँ से हर तरफ़ आने-जाने के लिए सिटी बसें उपलब्ध हैं। बसों में भीड़ बिल्कुल नहीं होती है। सिटी बस स्टाप पर भी गिने-चुने लोग ही खड़े दिखाई देते हैं। स्कूल के 3-4 बच्चों से ज़्यादा बच्चे तो किसी भी बस स्टाप पर कभी नहीं दिखाई देते।

होटल 'गोल्ड क्रेस्ट' के पास ही एक अच्छा-खासा मार्केट है। यहाँ पर सब्ज़ी और मुख्यतः कपड़े की खरीददारी होती है। थोड़ा-सा आगे जाने पर मेन रोड पर मॉल भी सजा हुआ है। यहाँ पर हर चीज़ मिलती है। किस्म-किस्म के तेल, साबुन, शैम्पू, बॉडी स्प्रे, कॅडबरियाँ, सब्ज़ी और फलों से लेकर खाने की चीज़ें और पीने की भी। इसके पास होने का फायदा भी उठाया था हमने। विविध क्रीम, बॉडी लोशन और कॅडबरियों को तो भारत लौटने से दो दिन पहले ही शीतलाप्रसाद जी और हम, दोनों ने जमकर खरीद लिया था। यहाँ खरीदते समय दोनों यह भी भूल गये कि बीस किलो ग्राम के ऊपर के बोझ के लिए प्रति किलो ग्राम एक हज़ार रुपयों का भुगतान करना पड़ता है। तभी चीज़ों को हवाई जहाज़ से ले जा सकते हैं—अपने-अपने देश।

भारत की तुलना में मॉरिशस दो-ढाई गुना महँगा लगा। खासकर ओढ़ने-पहनने के कपड़ों को लेकर। मेन रोड पर मॉल तो सजे हुए हैं

ही परन्तु छोटी-छोटी गलियों में भी अच्छी-खासी दुकानें सजी हुई होती हैं। इन सब में पुरुषों की तुलना में महिला कर्मचारियों की संख्या ज्यादा मिलती है।

यहाँ का होटल व्यवसाय भी बड़ा तेज़ी में रहता है। यहाँ आये विदेशी यात्रियों के लिए होटल में हर तरह की सुविधा उपलब्ध कराई जाती है। जैसा देश वैसा खान-पान और नाश्ते का प्रबन्ध किया जाता है। यात्रियों के साथ इनके व्यवहार में आत्मीयता मिलती है।

तुसेफ या तुएक्स सेफ (Tou Aex Celf) मॉरिशस का एक महत्त्वपूर्ण शहर है। इसे वॉल्केनो (Volcano) भी कहा जाता है। इस शहर के पास एक ऐसा ऊँचा पहाड़ है जिसकी चोटी तक बस से जाया जा सकता है। यहाँ की बस्ती काफ़ी फैली हुई है और यहाँ के मकान भी बड़े-बड़े हैं। इस शहर के सर्वोच्च बिन्दु (Highest Point) पर पहुँचने पर उसके सामने विशाल खाई दिखाई देती है। अत्यन्त गहरी और घनी झाड़ी से युक्त। कहते हैं कि यहाँ से कभी ज्वालामुखी फूट पड़ा था। उससे एक ओर गहन खाई बन गयी है और दूसरी ओर ऊँचा पहाड़। इस शहर का तुसेफ (Tou Aex Celf) या वॉल्केनो (Volcano) नाम इस ज्वालामुखी की घटना के आधार पर होना तर्कसंगत ही लगता है।

खाई की तरफ़ देखना भी खौफ़नाक लगता है। उस पार ऊँचा पहाड़ और आस-पास घना जंगल। बीच-बीच में रुक-रुककर होनेवाली बारिश सारे फ़ोटोसेशन को बाधित न करती तो ही आश्चर्य ! जो भी हो, तुसेफ एक ऐसा शहर है जिसे कुदरत की देन के रूप में मिला है ऊँचा पहाड़, गहरी खाई, घनी झाड़ी, गजब की हरियाली और इनके आसपास फैली हुई खुली-खुली मानव समाज की बस्ती। बड़े-बड़े मकान और लगभग हर बँगले के चारों ओर हरे भरे ऊँचे-ऊँचे बेंत का कम्पाउंड या किसी और झाड़ी का। सब कुछ मोहक। लेकिन ताज्जुब यह कि शहर की कोई गहमागहमी, भीड़-भाड़ या भागदौड़ यहाँ पर बिल्कुल नहीं। शीतल हवा, सुन्दर हरियाली और शान्ति से भरा माहौल। तुसेफ कभी ज्वालामुखी से अस्तित्व में आया हुआ शहर ज़रूर हो, लेकिन आज उसकी खूबसूरत खामोशी से भरी खास शान्ति को देखकर विश्वास करना मुश्किल होगा कि कभी यह ज्वालामुखी से पैदा हुआ है।

मॉरिशस के प्रमुख पाँच शहरों में और जिन दो शहरों का समावेश करना चाहिए वे हैं ग्रांड बे (Grand Baie) और क्यूपेप (Curepipe)। इनमें से ग्रांड बे की खासियत है साफ़-सुथरापन, हरियाली और चक्करदार किन्तु खूबसूरत सड़कें। यहाँ की दुकानें भी ठीक पाँच बजे बन्द हो जाती हैं। सड़कों पर भीड़ बहुत भारी नहीं होती। स्थानीय लोग सूर्यास्त होते ही, बहुत जल्दी अपने-अपने मकानों में बन्द हो जाते हैं। ठीक वैसे, जैसे घोंसलों में पंछी।

क्यूपेप (Curepipe) शहर भी मॉरिशस के प्रमुख पाँच शहरों में से एक है। इसको लेकर भी वही विशेषताएँ कहनी होंगी जो प्रायः मॉरिशस के अन्य शहरों में समान रूप में मिलती हैं। यह है तो शहर ही लेकिन न तो बहुत अधिक कोलाहल और न ही जानलेवा भीड़। शहर की मुख्य बस्ती की लम्बी-चौड़ी सड़कें, अन्दर की गलियों की छोटी-छोटी किन्तु ठीक-ठाक सड़कें, मकानों के बाहर पेड़-पौधे, भीतर परिवार में 2-3 ही सदस्य और शान्तिपूर्ण माहौल। यहाँ का मार्केट भी अन्य शहरों के समान शाम पाँच बजे ही बन्द।

मॉरिशस के प्रमुख पाँच शहरों का सामाजिक जीवन, वातावरण, आवागमन और उद्योग-व्यवसाय को देखने पर पता चलता है कि भारतीय शहरों में जो सुविधाएँ मिलती हैं वे यहाँ भी समान रूप से उपलब्ध हैं। लेकिन दोनों की जीवन पद्धति में अन्तर मिलता है। भारतीय शहरों में जो कोलाहल और जानलेवा भीड़ होती है वह यहाँ नहीं मिलेगी। साथ ही जो व्यावसायिक क्षेत्र की स्थिति है, उसमें काफ़ी अन्तर दिखाई देता है। भारत में बड़े शहर और महानगर तो दो-चार घंटे ही सोते हैं। व्यवसाय के कारण ये 24 घंटों में से 20-22 घंटों तक जागते रहते हैं। दिल्ली, मुम्बई, कोलकाता, चेन्नै जैसे महानगर तो कभी ठहरे हुए, रुके हुए या सोये हुए शायद ही दिखाई देंगे। इसके कारण व्यावसायिक, आर्थिक या सामाजिक आदि ज़रूर हो सकते हैं। लेकिन मॉरिशस-भारत की तुलना करने पर मूल अन्तर आबादी के कारण है। आय के स्रोत और जीवन की आवश्यकताओं की पूर्ति के कारण है। जहाँ आबादी कम वहाँ चिन्ताएँ और चुनौतियाँ भी कम, जहाँ वह ज़्यादा वहाँ चिन्ताएँ और चुनौतियाँ भी ज़्यादा। सामाजिक एवं राष्ट्रीय अमन और चैन को ये चीज़ें ज़रूर प्रभावित करती हैं इसे स्वीकारना पड़ेगा।

गाँवों का मॉरिशस एक अलग अन्दाज़ को दर्शाता है। यहाँ के शहर भले ही ऊँगलियों पर गिने जा सकते हैं किन्तु गाँव यहाँ अनेक हैं। सब से पहले अभिमन्यु अनत का गाँव देखने का अवसर मिला। हम जिन्हें मॉरिशस का प्रेमचन्द मानते हैं वे लेखक हैं अभिमन्यु अनत। जब हमें बताया गया था कि 'अब अभिमन्यु अनत से मिलने उनके गाँव जायेंगे' तब ताज्जुब हुआ था। यह सुनकर कि क्या हिन्दी का इतना बड़ा लेखक गाँव में रहता है? जब पहुँच गये तब भी देखकर ताज्जुब हुआ। यह भले ही गाँव कहलाता है लेकिन यहाँ जानेवाली सड़क एकदम पक्की, बिना गड्ढोंवाली, काली डामरवाली और बिल्कुल साफ़-सुथरी। गाँव के बाहर नहीं, भीतर भी पक्की सड़क, पक्के रास्ते, डामर के, बिना किसी गड्ढे के। कटलरी, स्टेशनरी की और पन्सारी की दुकानें भी। गाँव में बड़े-बड़े, खुले और कंक्रीट के बने हुए पक्के मकान। हर मकान के आसपास पेड़-पौधे और हरियाली। पेड़ भी फलों-फूलों के। यहाँ के लोगों का रहन-सहन साधारण ही लगा लेकिन उनमें अपने परिवेश की साफ़-सफाई सम्बन्धी सावधानी असाधारण लगी।

गाँवों को नज़दीक से देखने का अवसर हमें बेलमार बीच की ओर जाते समय ज़्यादा मिला। अनेक गाँवों को पार करते-करते हमारी बस बेलमार बीच की ओर बढ़ रही थी। सेंट जुलिया नामक गाँव इसी रास्ते में था। इस गाँव की खासियत को भूल नहीं सकते। यहाँ पर एक भी झोंपड़ी नहीं दिखाई दी। सड़क सिर्फ़ पक्की नहीं बल्कि खूबसूरत और चौक में बत्तियों से युक्त। भले ही भीड़ न हो लेकिन यहाँ पर यातायात के नियमों का पालन कर वाहन चलाये जाते हैं। चौराहे पर थोड़ा रुकना, दायें-बायें देखना और बत्ती के हिसाब से देखते हुए आगे अपना वाहन लेकर निकलना यहाँ की विशेषता है।

मुडिया पहाड़ के आसपास से गुज़रते वक़्त भी रास्ते में अनेक गाँवों के दर्शन हुए। बस्तियाँ छोटी ही मगर मकान पक्के, सीमेंट कांक्रीट के और रंगीन, मोहक एवं आकर्षक। इन्हें देखकर विश्वास नहीं होता था कि यह गाँव के मकान हैं। लेकिन सौ-दो सौ मकानों के गाँव और कभी-कभी पचास-साठ मकानों के भी। मगर यहाँ तक आनेवाली सड़कें देखकर यकीन नहीं होता था कि कोई गाँव आया है। पक्की काली और चिकनी सड़क पर खिंची सफेद पट्टी की मार्किंग देखकर ऐसा लगता था जैसे कोई जवान लड़की मेकअप करके घूमने

के लिए निकली है।

गाँव की सड़कों पर आवागमन भी बहुत कम नज़र आता था। किन्तु वाहन चालक चौराहा पार करते वक़्त बत्ती का लिहाज करता, थोड़ा-सा रुकता। दायें-बायें देखता और फिर आगे चल देता।

गाँव के आस-पास से गुज़रते वक़्त मॉरिशस की कृषि संस्कृति के दर्शन भी होते हैं। यहाँ मुख्य रूप से गन्ने की खेती ही होती है। ज़मीन चाहे काली हो, चाहे पथरीली, समतल हो या ढलान—सब तरफ़ लहलहाती हरी-भरी गन्ने की खेती ही नज़र आती। यहाँ तक कि छोटे-बड़े टीले पर या पहाड़ पर भी ऊपर से नीचे तक गन्ने की फसल लहलहाती दिखाना यहाँ की खासियत है। लगता है यहाँ का मौसम उसके अनुकूल है। जनवरी महीने में भी यहाँ पर ऐसी बारिश हो रही थी, जैसे भारत में सावन-भादों (जुलाई-अगस्त) में होती है। पानी बरसता ही रहता है। तभी तो ऊबड़-खाबड़, पथरीली और पहाड़ी ज़मीन पर गन्ने की फ़सल बड़ी ठाठ-बाट से सीना तान कर खड़ी होकर दर्शकों का ध्यानाकर्षण करती रहती है।

लेकिन ऐसा नहीं कि यहाँ पर कोई दूसरी फ़सल नहीं होती। कहीं-कहीं बैंगन, भिंडी, गोभी और टमाटर जैसी सब्ज़ियों की फ़सल भी यहाँ देखने को मिलती है। हाँ, यह सही है कि यहाँ पर इनकी मात्रा कम होती है। लेकिन इनकी पैदाइश भी यहाँ पर अवश्य होती है।

चाय-कॉफ़ियों के बागान भी यहाँ पर अवश्य मिलते हैं। गंगा सागर के दर्शन कर लौटते समय सड़कों के दोनों ओर चाय-कॉफ़ी के लहलहाते हरे-भरे सुन्दर-सुन्दर खेतों को देखकर वहाँ पर गाड़ी रोकने के मोह को हम टाल नहीं सके थे। ड्राइवर ने बस रोक दी। लगभग सभी साथी नीचे उतर गये। चारों ओर, जिधर देखें, चाय की फ़सल। हर खेत में चाय की पत्तियाँ बीनते हुए लोग। लेकिन गौर करने की बात यह लगी कि हर खेत में पत्तियाँ छाँटनेवाले चार-पाँच लोगों में तीन-चार महिलाएँ होतीं और उनमें इक्का-दुक्का पुरुष। आदमी की तुलना में यहाँ खेतों में काम करती औरतें ही ज़्यादा दिखाई देती हैं।

चाय की पत्तियों को देखने, छूने और सूँघने का मन हो रहा था। दो-चार पत्तियाँ तोड़ लेने की चाहत भी हुई। लेकिन ऐसा नहीं कर पाये। इसलिए कि मॉरिशस के 'बॉम्बे चाट' होटल के मालिक महेश

(जिसने हमें घूमने के लिए बस का प्रबन्ध किया था और जो साथ में था) ने बस से नीचे उतरते ही सब को सतर्क किया था कि "कोई भी व्यक्ति यहाँ की पत्तियों को नहीं तोड़ेगा, क्योंकि ऐसा करने पर दो हज़ार रुपयों का 'फाइन' होगा।" मॉरिशस के दो हज़ार रुपयों का मतलब है भारत के करीब पाँच हज़ार। इसलिए किसी ने भी चाय की पत्तियों को छुआ नहीं। सिर्फ़ पास जाकर खड़े रहे, जी भरकर देख लिया। थोड़ी देर बाद बस में आकर बैठ गये। फिर वापस लौटने के लिए बस दौड़ने लगी।

यहाँ के खेती व्यवसाय को लेकर कुछ बातों ने प्रभावित किया। खेती में फ़सल का कोई नुक़सान करे तो यहाँ की सरकार ने 'फाइन' का प्रबन्ध कराया है। ज़मीन पथरीली हो चाहे पहाड़ी, गन्ने की खेती यहाँ ज़्यादा है। आम के पेड़ भी कुछ ज्यादा ही हैं लेकिन खानेवाले कम। क्योंकि आबादी ही कम। अतः यहाँ पके हुए आम गिरने, सड़ जाने की बात साधारण और सामान्य समझी जाती है। यहाँ चाय-कॉफ़ी और सब्ज़ियों की खेती भी होती है। किन्तु खेती में पुरुष की तुलना में महिलाएँ अधिक मात्रा में काम करती हुई दिखाई देती हैं। पहाड़, नदियाँ, झाड़ी, बारिश, हरियाली और सागर, यही है मॉरिशस के धरती की धरोहर। यहाँ की मिट्टी की सोंधी-सोंधी महक यहाँ के कृषि क्षेत्र के अलग अन्दाज़ का ही परिचय दिलाती है।

खान-पान किसी भी देश की धरती का, उसकी सभ्यता-संस्कृति का, उसके भूगोल का, वातावरण का और हुक्का-पानी का परिचायक होता है। मॉरिशस का खान-पान भी इन सब का परिचय देता है। यहाँ के लोग चाय-कॉफ़ी तो पीते ही हैं किन्तु नाश्ते में विविधता लक्षित होती है। ब्रेड, बटर, आमलेट, बॉइल्ड अंडा, पूरी, सब्ज़ी, जूस जैसी चीज़ें तो नाश्ते में थीं ही। लेकिन कभी-कभी फ्राय मछली भी हुआ करती थी। रोटी यहाँ कम होती है। हाँ, हम भारतीयों के लिए उन्होंने तन्दूरी रोटी का प्रबन्ध ज़रूर कर दिया था परन्तु यहाँ के स्थानीय लोग मूलतः चावल ही खाया करते हैं। किस्म-किस्म के चावल। एकदम बढ़िया स्वादिष्ट। नॉनवेज यहाँ कुछ ज़्यादा ही खाया जाता है। चिकन तरह-तरह के लेकिन मछलियाँ उससे भी अलग-अलग और एक से एक क्वालिटी की। बोनलेस मछली तो शायद ज़िन्दगी में पहली बार इतनी लज़ीज पायी। पता नहीं मछली उस दिन कौन-सी थी लेकिन

दंग रह गये उसके स्वाद से। नदियों और सागर से घिरे इस देश में 'सी फूड' (सागरी भोजन) तो कुदरत की देन स्वरूप समृद्ध है ही किन्तु यहाँ शाकाहार पसन्द करनेवाले भी मिलते हैं। छोटे-बड़े मॉल में और छोटी-छोटी दुकानों में भी राशन और कोल्डड्रिंक के साथ-साथ बियर और शराब की बोतलें भी रखी जाती हैं, बेची जाती हैं। खान-पान की चीज़ों के साथ-साथ हॉट ड्रिंक को भी रखना बड़ा अजीब लगा लेकिन इसके खरीदार भी दिखाई देते हैं। विदेशियों का आवागमन तो यहाँ रहता ही है, विशेषतः योरोपीय लोगों का। यहाँ पानी की बोतलों से ज़्यादा शराब की बोतलें रखी हुई मिलती हैं।

मॉरिशस में यातायात के साधन-सुविधाओं का क्षेत्र एक अलग किस्म की 'फीलिंग' देता है। यहाँ सड़कों पर गड्ढे नहीं हैं और गड्ढों में सड़कें नहीं। छोटी, बड़ी और मध्यम आकार की, लगभग सभी तरह की सड़कें मिलती हैं। बड़े-बड़े शहरों में जानेवाली सड़कें आकार से बड़ी तो कस्बों और गाँवों में जानेवाली मध्यम और छोटी भी मिलती हैं। किन्तु वे आकार से चाहे जैसी हों, सीधी, लम्बी, चौड़ी, चक्राकार और घुमावदार भी हैं। उनका साफ़-सुथरापन अधिक आकर्षित करता है, उनका चिकनापन आँखों के लिए सुखदायी लगता है। सड़क के किनारे फ़ुटपाथ तो हैं ही अपितु हर चौराहे पर बत्तियाँ, पादचारियों के लिए सफ़ेद पट्टियों के लगाये हुए निशान और हर गाड़ी का चौराहे पर 'पॉज' लेना, आगे-पीछे, दाहिने-बायें देखना और फिर आगे बढ़ना यातायात की अनुशासनप्रियता को दर्शाता है। यहाँ तक कि गाँवों से गुज़रते वक़्त भी चौराहे पर गाड़ी थोड़ी देर के लिए रुकती हुई दिखाई देती है और फिर थोड़ी देर के बाद आगे बढ़ती जाती है। एक तो भीड़ कम, ऊपर से गज़ब का अनुशासित आवागमन। मॉरिशस की खासियत के रूप में इसे यादगार कहना होगा।

यहाँ गाड़ियों के हॉर्न कभी नहीं बजते। सुना कि अनावश्यक हॉर्न बजानेवाले के लिए जुर्माने का प्रावधान है। चालकों को मानो बिना हॉर्न के ही गाड़ी चलाने की आदत पड़ी है। पूछने पर मालूम हुआ कि हॉर्न बजने से किसी को तकलीफ़ नहीं होनी चाहिए। इस विचार से चालक हॉर्न के बिना गाड़ियाँ चलाने के अभ्यस्त हैं। यहाँ गैरेज भी बहुत कम मिलते हैं। अपनी गाड़ी स्वयं धोने, साफ़-सुथरी रखने की आदत 'फोर व्हिलर' धारकों में पाई जाती है। यहाँ तक कि गाड़ी के

छोटे-मोटे काम का तकनीक मालिक जानता है।

मॉरिशस के शिक्षा क्षेत्र का अपना अलग माहौल है। यहाँ स्कूल के अध्यापक की नौकरी बड़ी सम्मानजनक और फायदेमन्द समझी जाती है। स्कूल के लिए दो दिन हाफ डे छुट्टी और एक साप्ताहिक छुट्टी हुआ करती है। हर गुरुवार और शनिवार को हाफ डे स्कूल रहता है और इतवार की पूरी छुट्टी। कहते हैं कि इससे छात्र खुश रहते हैं और फ्रेश भी। उनसे भी ज़्यादा खुश यहाँ अध्यापक होते हैं। इसलिए अध्यापक की नौकरी पाने के लिए लोगों में अधिक आकर्षण रहता है। 'टीचर' की नौकरी सबसे अच्छी माना जाना मॉरिशस की मानसिकता का द्योतक लगता है। महाविद्यालयों तथा विश्वविद्यालयों में भी पढ़नेवालों की मात्रा पर्याप्त है। यहाँ कुछ विदेशी छात्र भी व्यावसायिक पाठ्यक्रमों की पढ़ाई के लिए आते हैं। हिन्दी अध्यापकों की संख्या करीब साढ़े चार सौ है। यहाँ अंग्रेज़ी से अधिक फ्रेंच भाषा के प्रति आकर्षण दिखाई देता है। स्थानीय भाषा क्रियोल पढ़नेवाले भी पर्याप्त हैं। लेकिन इन चार भाषाओं का एक-दूसरे के उन्नयन और विकास में योगदान मिलने की उम्मीद कम दिखाई देती है। मॉरिशस के हिन्दी अध्यापक एवं साहित्यकार प्रह्लाद रामशरण साहित्यकार से हुई बातों से यही तथ्य सामने आता है।

मूल भारतीय वंश के मॉरिशसवासी, साथ ही आप्रवासी भारतीय मॉरिशसवासियों में हिन्दी के प्रति लगाव है, प्रेम है, हिन्दू सभ्यता एवं संस्कृति से जुड़ाव है। अतः इनमें हिन्दी का प्रयोग होता है और हिन्दुओं के रस्म-रिवाजों का निर्वाह भी होता है। आज मॉरिशस में अभिमन्यु अनत, सोमदत्त बखौरी, प्रह्लाद रामशरण, डॉ. ब्रजेन्द्रमधुकर भगत, रामदेव धुरन्धर, राज हीरामन, माताबदल, डॉ. मुनीश्वरलाल चिन्तामणि, पंडित आत्माराम विश्वनाथ, हेमराज सुन्दर जैसे हिन्दी रचनाकारों/ साहित्यकारों का योगदान प्रशंसनीय है। इसमें से अधिकांश लेखक आज भी लिख रहे हैं। हिन्दी आंदोलन और हिन्दी अभियान को सुयोग्य दिशा एवं बल देनेवाली पहली पीढ़ी के सेवकों में पंडित काशीनाथ किश्टो, पं. आत्माराम विश्वनाथ, पं. रामअवध शर्मा, सूरजप्रसाद, मंगर भगत, नरसिंह दास, जयनारायण राय, पं. वासुदेव विष्णुदयाल, प्रो. रामप्रकाश, सोमदत्त बखौरी और दयानन्दलाल बसन्तराय जैसे विराट व्यक्तित्ववाले हिन्दी सेवी हुए

हैं जिन्होंने हिन्दी की नींव को मज़बूत किया। मॉरिशस की धरती और मॉरिशस के साहित्य-क्षेत्र में हिन्दी को स्थापित करने का श्रेय उपर्युक्त सभी साहित्यिकों एवं सेवकों को देने का सन्देश मॉरिशसीय इतिहास एवं मॉरिशस की हिन्दी का इतिहास देता है।

हिन्दी को ज़िन्दा रखने का आन्दोलन न केवल भारत में बल्कि मॉरिशस में भी अपनी जड़ें जमा चुका है। मॉरिशस भ्रमण में, यहाँ की यात्रा में इसका एहसास पग-पग पर होता है।

□□

परिशिष्ट

विश्व हिन्दी सचिवालय, मॉरिशस, जहाँ विश्व हिन्दी दिवस और सांस्कृतिक कार्यक्रम सम्पन्न होता है।

विश्व हिन्दी सचिवालय, मॉरिशस के सम्मुख मान्यवर, प्रतिभागी एवं लेखक।
(जहाँ प्रतिवर्ष 10 जनवरी को 'विश्व हिन्दी दिवस' मनाया जाता है)

लेखक को 'साहित्य शिरोमणि अवार्ड' प्रदान करते हुए मॉरिशस के उपन्यासकार रामदेव धुर।

हिन्दी प्रचारिणी सभा, मॉरिशस के सभागार में लेखक का सम्मान करते हुए सभा के अध्यक्ष यन्तु देव बुधु, पूर्व अध्यक्ष माताबदल, डॉ. प्रदीप कुमार सिंह, डॉ. शीतला प्रसाद दुबे आदि।

महात्मा गाँधी संस्थान, सभागार, मॉरिशस।

मॉरिशस के प्रेमचन्द—महान हिन्दी लेखक अभिमन्यु अनत, सपत्नीक, लेखक के घर।

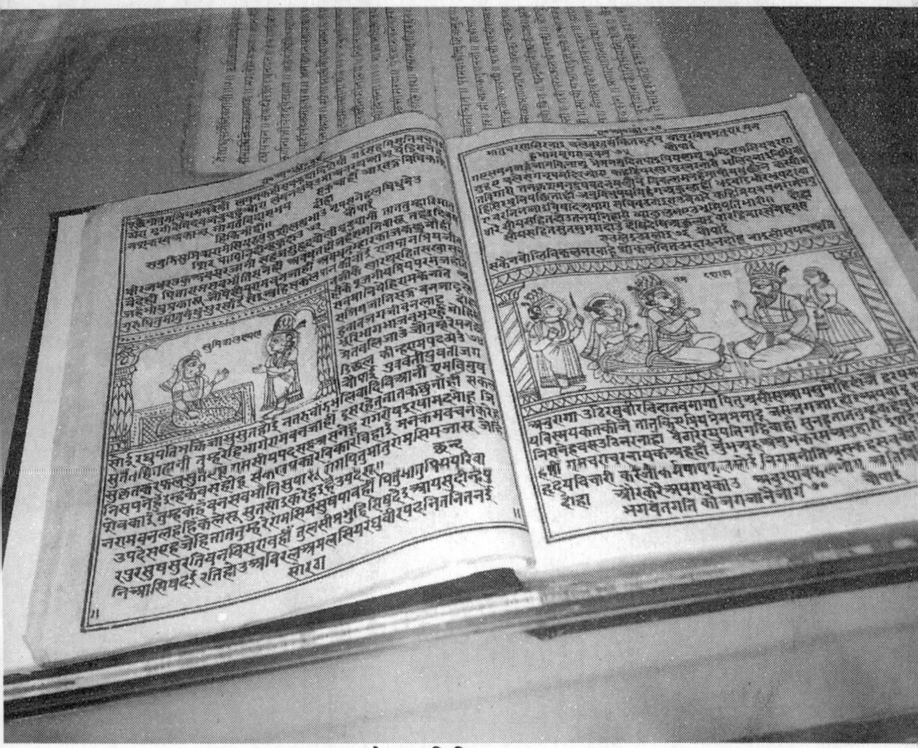

रामायण के हस्तलिखित पृष्ठ।

रामायण के हस्तलिखित पृष्ठ।

रामायण के हस्तलिखित पृष्ठ।

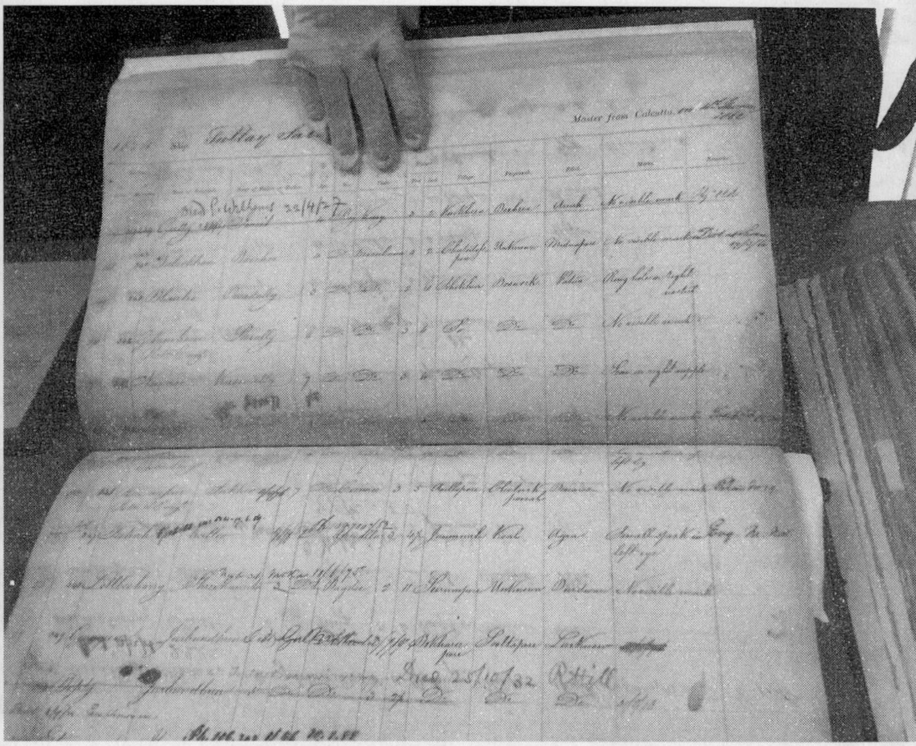

महात्मा गाँधी संस्थान, मॉरिशस के संग्रहालय में भारत से ले जाये गये बँधुआ मज़दूरों की समग्र जानकारी के दस्तावेज़।

महात्मा गाँधी संस्थान, मॉरिशस के संग्रहालय में भारत से ले जाये गये बँधुआ मज़दूरों की समग्र जानकारी के दस्तावेज़।

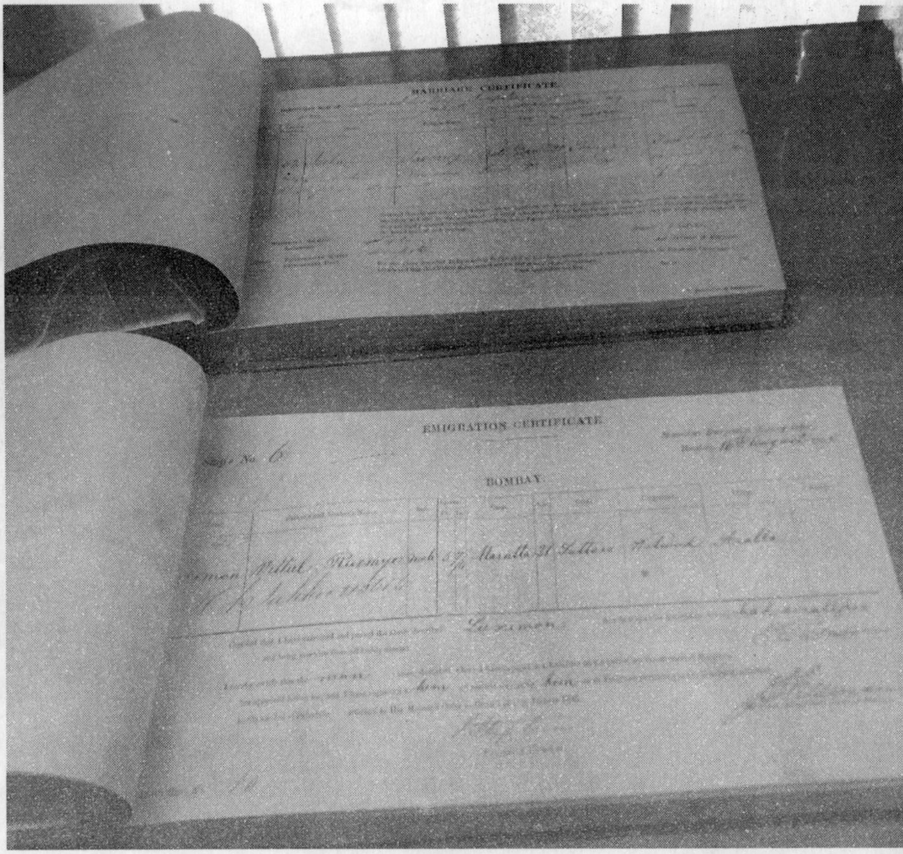

महात्मा गाँधी संस्थान, मॉरिशस के संग्रहालय में भारत से ले जाये गये बँधुआ मज़दूरों की समग्र जानकारी के दस्तावेज़।